双元制本土化项目成果教材

# 网络直播运营实务

校企合作、产教融合型课程改革教材

主　编◎孙桂娥　张宣建
副主编◎裴红波　郭惠儒
　　　　张慧颖　余江跃

同济大学出版社
TONGJI UNIVERSITY PRESS
·上海·

## 内 容 提 要

本书是由重庆交通职业学院与重庆毛毛虫电子商务有限公司合作，基于毛毛虫·电商直播人才跨企业培训中心开发的双元制本土化学习领域课程改革的教材，体现了校企合作和产教融合的理念。

全书内容共分为4个学习模块7个学习情境，从网络直播工作流程出发，共分为网络直播策划、网络直播运营、网络直播复盘三个学习领域，最后以一个整体任务进行综合实战，全面提升学生从事网络直播运营的理论与实践技能。内容由浅入深，由基础到实践，旨在使学生全面掌握网络直播领域的理论与实践。本书主要适合高职院校网络直播运营、直播电商、直播营销课程师生以及企业相关员工进行职业能力提升培训使用。

**图书在版编目（CIP）数据**

网络直播运营实务 / 孙桂娥，张宣建主编；裴红波等副主编. -- 上海：同济大学出版社，2025.1.
ISBN 978-7-5765-1264-9
Ⅰ. F713.365.2
中国国家版本馆 CIP 数据核字第 2024LH1685 号

## 网络直播运营实务

**主　编**　孙桂娥　张宣建　　**副主编**　裴红波　郭惠儒　张慧颖　余江跃
**策划编辑**　府晓辉　　**责任编辑**　杨　艳　　**责任校对**　徐逢乔　　**封面设计**　渲彩轩

| | |
|---|---|
| 出版发行 | 同济大学出版社　www.tongjipress.com.cn |
| | （地址：上海市四平路1239号　邮编：200092　电话：021-65985622） |
| 经　　销 | 全国各地新华书店 |
| 排　　版 | 南京文脉图文设计制作有限公司 |
| 印　　刷 | 苏州市古得堡数码印刷有限公司 |
| 开　　本 | 787mm×1092mm　1/16 |
| 印　　张 | 13.5 |
| 字　　数 | 264 000 |
| 版　　次 | 2025年1月第1版 |
| 印　　次 | 2025年1月第1次印刷 |
| 书　　号 | ISBN 978-7-5765-1264-9 |
| 定　　价 | 58.00元 |

本书若有印装质量问题，请向本社发行部调换　　　　版权所有　侵权必究

# 编 委 会

**主　编**　孙桂娥　张宣建
**副主编**　裴红波　郭惠儒　张慧颖　余江跃
**参　编**　黄罡　袁林　王宏　余乐
　　　　　陈晓彬　罗屿　郭锦锦　乔丰娟
　　　　　申梦倩　张从艺
**主　审**　王奕俊

# 前言 PREFACE

本书是由重庆交通职业学院与重庆毛毛虫电子商务有限公司合作，基于毛毛虫·电商直播人才跨企业培训中心开发的双元制本土化项目课程改革的教材，充分体现了校企合作和产教融合的理念。本书以人才需求为出发点，以培养学生直播电商综合运营能力为目标，立足直播电商行业发展需求，紧扣产业发展新技术、新工艺、新规范和新要求，总结直播电商行业实践经验，同时融入了直播电商技能竞赛内容，旨在培养学生在直播电商领域的职业技能和职业素养。本书基于直播选品、直播运营、网络主播、直播数据分析等岗位工作任务特点，以完整工作过程和行为导向教学要求为基础，开发了以任务资讯、制订计划、任务准备、任务实施为行为导向教学的工作页。本书内容与学科知识模块相结合，形成了"知识库＋工作页"的工作过程系统化的学习领域课程教材，实现了理论知识、实践技能、综合职业能力的多维整合，将工作环境与学习环境有机地结合在一起。

本书内容从网络直播工作流程出发，共分为网络直播选品与规划、网络直播内容策划、网络直播推广策划、直播间装修、直播销售与互动和网络直播复盘六个学习模块，最后以一个整体任务进行综合训练，全面提升学生从事网络直播的理论与实践技能。

本书的独特之处在于它不仅是学校教师教学智慧的结晶，更是与企业深度合作的产物。重庆交通职业学院携手重庆毛毛虫电子商务有限公司，通过毛毛虫·电商直播人才跨企业培训中心平台，将学校的教育资源与企业的实际需求紧密结合，共同打造了这本校企合作的本土化教材，为学生提供全面、深入、实用的教育资源。本书的编写得益于企业实际案例的支持，使学生在学习过程中更容易理解和接触到真实的工程项目，为未来的就业奠定坚实的基础。

本书的编写得到了一支实力强大的专家团队的支持。重庆交通职业学院毛毛虫·电商直播人才跨企业培训中心培训师、副教授孙桂娥，重庆交通职业学院毛毛虫·电商直播人才跨企业培训中心培训师、直播电商国赛一等奖指导教师、商学院院长、副教授张宣建担任主编，负责组织教学团队进行学习情境开发并执笔完成教材内容，他们的丰富经验和深厚造诣为教材的编写提供了坚实基础。由重庆交通职业学院继续教育学院院长裴红波、直播电商国赛一等奖指导教师郭惠儒、电子商务专业负责人张慧颖、融媒体技术与运营专业负责人余江跃担任副主编，重庆交通职业学院教授黄罡、副教授袁林、重庆毛毛虫电子商务有限公司陈晓彬等参编，他们的合作和专业指导确保了教材内容的深入和全面，为学生提供了最优质的学习体验和知识积累。同时，我们还得到了学校其他相关领域的专家的指导，确保了教材内容的准确性和全面性。本书由同济大学王奕俊担任主审。

  我们希望本书能够成为学生学习的指南和工具，引导他们走向直播电商领域的高峰。通过学习这门课程，学生可以掌握直播的整个流程，培养创新精神，为我国直播电商领域的发展贡献自己的力量。同时，我们也希望本书能够为全国范围内的高等院校提供借鉴与参考。通过校企合作，结合本土产业，开发符合实际需要的本土化教材是当前教育改革的一个重要方向，我们愿意与各位同人分享我们的经验和教训，共同促进教育事业的繁荣与进步。

  最后，我们衷心感谢所有参与本书编写的专家、教师和企业代表们的辛勤努力和支持，是你们的智慧和奉献，使得本书得以顺利完成。在使用过程中，我们欢迎大家提出宝贵意见和建议，帮助我们不断改进，使本书更好地服务于教育事业和产业发展。

编者<br>2025 年 1 月

# 目录 CONTENTS

前言

## 学习模块一　网络直播选品与规划 ……………………………………… **001**

学习目标……………………………………………………………… 001
知识导航……………………………………………………………… 002
学习情境……………………………………………………………… 011

## 学习模块二　网络直播内容策划 ………………………………………… **033**

学习目标……………………………………………………………… 033
知识导航……………………………………………………………… 034
学习情境……………………………………………………………… 047

## 学习模块三　网络直播推广策划 ………………………………………… **067**

学习目标……………………………………………………………… 067
知识导航……………………………………………………………… 068
学习情境……………………………………………………………… 077

## 学习模块四　直播间装修 ………………………………………………… **103**

学习目标……………………………………………………………… 103
知识导航……………………………………………………………… 104
学习情境……………………………………………………………… 111

## 学习模块五　直播销售与互动 …………………………………… 127

学习目标…………………………………………………………… 127
知识导航…………………………………………………………… 128
学习情境…………………………………………………………… 133

## 学习模块六　网络直播复盘 ……………………………………… 151

学习目标…………………………………………………………… 151
知识导航…………………………………………………………… 152
学习情境…………………………………………………………… 160

## 学习模块七　网络直播运营综合训练 …………………………… 183

学习目标…………………………………………………………… 183
学习情境…………………………………………………………… 184

## 参考文献 …………………………………………………………… 207

# 学习模块一
# 网络直播选品与规划

## 学习目标

### 知识目标

1. 熟悉网络直播流程；
2. 熟悉用户画像的主要内容，掌握构建用户画像的流程；
3. 掌握竞品分析的步骤；
4. 掌握商品选品的原则和方法，熟悉直播间产品结构；
5. 掌握成本核算的方法，熟悉常见的价格策略。

### 能力目标

1. 能够进行直播目标用户定位，分析目标人群的年龄分布、性别分布、地域分布、兴趣偏好等数据，构建用户画像；
2. 能够合理选择竞品，并对竞品进行分析；
3. 能够根据相关数据筛选直播商品，对商品进行角色定位；
4. 能够选择合理的供应商，确定合理的采购数量，完成商品的采购；
5. 能够制订直播间商品销售策略。

### 素质目标

1. 培养良好的团队合作精神和沟通能力；
2. 培养分析和解决实际问题的能力，遇到问题不退缩；
3. 培养时间管理能力，能在规定时间内完成规定的内容，提高工作效率；
4. 培养敏锐的市场洞察力，具备商品敏感度；
5. 培养电商行业、广告行业、商品所属行业等的法律法规意识和保密意识。

## 📍 知识导航

### 一、直播流程

微课 1-1：网络直播流程

直播的一般流程包括直播策划、直播运营和直播复盘。

### 二、直播目标用户定位

#### （一）直播目标用户

目标用户是企业或商家服务的对象，是产品或服务的使用者、购买者。直播目标用户是指在直播过程中愿意购买产品、使用产品的用户群体。不同的用户群体有不同的消费特征，直播团队只有把握直播间用户的消费特征，按需选品，才能实现营销目标。

#### （二）直播目标用户划分

##### 1. 按不同的年龄层进行划分

按不同的年龄层进行划分，可以把目标用户群体分为少年用户、青年用户、中年用户、老年用户四个群体。

（1）少年用户

少年用户基本上没有消费能力，几乎所有消费需求都由父母来代为实现。但他们有自己的消费偏好，通常喜欢跟随同龄人的购买行为，且受视觉化宣传的影响较大。在进行商品选购时，不太考虑实际需求，更看重商品的外观，认为新奇、独特的商品更有吸引力。

（2）青年用户

青年用户追求时尚和新颖，喜欢购买能代表新生活方式的商品。他们的自我意识较强，很多时候都力图表现自我个性，因此喜欢购买一些具有特色的、能够体现个性的商品。青年用户一般更容易产生冲动型消费。

（3）中年用户

中年用户的心理已经比较成熟，在购买商品时更注重商品的质量和性能。由于中年用户在家庭中的责任重大，他们很少会做出冲动型、随意型消费，多是经过分析、比较后才做出消费决定。在实际消费前，他们会对商品的品牌、价位、性能进行充分了解，在实际消费时，往往按照计划购买，很少有计划外的消费和即兴消费。

## 学习模块一　网络直播选品与规划

**（4）老年用户**

老年用户由于生活经验丰富，很少感情用事，消费也更偏向理性。他们量入为出，偏向节俭，在购买前对商品的用途、价格、质量等方面都会进行详细了解，而不会盲目购买。他们已经养成自己的生活习惯，对于使用过的商品和品牌更加信任，因而会重复购买。

### 2. 按不同的性别进行划分

如果按照不同性别来划分，可以分为男性用户和女性用户两个群体。两个群体的消费偏好分别如下：

**（1）男性用户**

男性用户的消费行为往往不如女性用户频繁，购买需求也不太强烈。他们的购买需求通常是被动的，如受家人嘱托、同事朋友的委托或工作的需要等。在这样的购买需求下，他们的购买行为也不够灵活，往往是按照既定的商品要求（如指定的品牌、名称、式样、规格等）来购买。

男性用户的审美也与女性用户不同。对于自己使用的商品，他们更倾向于购买有力量感、科技感等男性特征明显的商品。如果直播间的目标用户群体是男性用户，那么，质量可靠、有科技感、极简风格的商品，可能更容易让他们做出购买决策。

**（2）女性用户**

女性用户是网络直播的主要消费群体，很多行业都非常重视女性用户的消费倾向。女性用户一般喜欢有美感的商品，她们的"爱美之心"是不分年龄的，每一个年龄段的女性用户都倾向于用商品将自己打扮得更美丽一些。她们在选购商品时，首先考虑的是这种商品能否提升自己的形象，能否使自己显得更加年轻和富有魅力。因此，她们偏爱造型新颖别致、包装华丽、气味芬芳的商品。在她们看来，商品的外观（如色彩、式样）与商品的质量、价格同等重要。

## 三、构建目标用户画像

### （一）用户画像概述

用户画像，简单来说就是根据用户社会属性、生活习惯和消费行为等信息抽象总结出的一个标签化的用户模型，也就是将用户信息标签化。

例如，韩梅梅，30岁，女，已婚，2岁孩子妈妈，一线城市，高管。"30岁""2岁孩子妈妈""一线城市"，这些都是贴在韩梅梅这个人身上的标签。用户画像的核心价值在于了解用户、猜测用户的潜在需求、精细化地定位人群特征、挖掘潜在的用户群体，如图1-1所示。

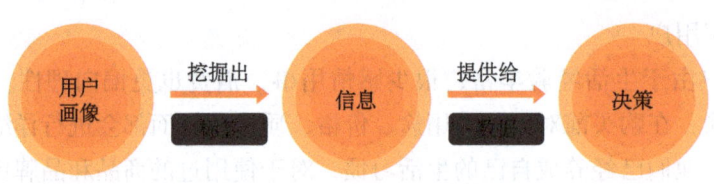

图1-1 用户画像

### （二）用户画像的内容

一般来说，根据具体的业务内容不同，会有不同的数据和不同的业务目标，也会使用不同的数据绘制用户画像。在互联网领域，用户画像数据可以包括以下内容：

（1）人口属性：包括性别、年龄等的基本信息；

（2）兴趣特征：浏览内容、收藏内容、阅读咨询、购买物品偏好等；

（3）消费特征：下单行为、浏览商品、搜索商品偏好等；

（4）位置特征：所处城市、所处居住区域、移动轨迹等；

（5）设备属性：使用的终端特征等；

（6）行为数据：访问时间、浏览路径等用户在网站的行为日志数据；

（7）社交数据：用户社交相关数据。

### （三）构建用户画像的流程

#### 1. 收集用户信息

用户信息包括用户基础要素、用户场景、行为偏好、心理个性、交际习惯等多方面内容，可以用静态标签、动态标签两大类来划分。

静态标签是构成用户画像的基本框架。但在运营工作中，动态标签往往能给我们提供更为有用的关键信息。动态标签，其实指的就是用户的网络行为，包括搜索、浏览、注册、登录、签到、发布信息、收藏、评论、点赞、分享、加入购物车、购买、使用优惠券、使用积分等一系列的行为。用户行为取决于网站的属性，在不同的网站中可以收集不同属性的信息，例如，电商网站能收集到更多用户的消费属性，而社交网站则更容易收集到用户的社交属性。

#### 2. 用户信息分析及用户细分

在完成用户画像的基础数据采集后，需要对海量的用户源数据进行分析梳理，提炼出有效数据并构建有效模型，即根据相应的标准对不同维度的用户数据进行精细化处理，拆分成不同的用户群组和用户标签，对用户进行细分。依据用户属性、用户偏好、消费场景等要素对数据进行处理和区分，从而构建多维度、完整的用户画像。

### 3. 完善用户画像

在完成了用户数据的基本呈现后,品牌还需要在创建出的用户角色框架中提取出更加关键的信息,根据关键特征数据进行用户评估分级,并结合用户规模、用户价值和使用频率来完善用户画像,帮助品牌确定高净值用户群、一般价值用户群和潜在价值用户群。完善用户画像会将用户画像的颗粒度描绘得更精细,从而为品牌进行市场运营、调整运营战略提供有价值的参考,更好地服务用户。构建用户画像的目的是解决用户的痛点,满足用户的需求。

## 四、竞品分析步骤

竞品即竞争产品,它是能满足用户需求,且与自身产品占据同一市场的同类产品。我们不仅要对直接的、现有的竞品进行分析,而且还要对间接的、潜在的竞品进行分析,收集竞品信息,和自己的产品进行对比,找出差异,制订差异化经营策略。

### (一)明确目标

明确目标是竞品分析的第一步,也就是要明确主要竞争对手是谁,潜在的次要的竞争对手是谁。做竞品分析不仅要对主要的、直接的竞争对手进行分析,还要对次要的间接的对手以及跨行业的对手进行分析。

### (二)选择竞品

第一步是确定核心竞品,找出产品的定位、价格、目标人群、风格和本店铺、本品牌非常相似,并且在市场影响力或者销量上优于本店铺、本品牌的产品;第二步是确定重要竞品,找出和本店铺、本品牌的产品在定位、价格、目标人群、风格上有部分雷同,并且各方面表现(销量、访客等)跟本店铺、本品牌的产品不相上下的产品;第三步是确定一般竞品,找出和本店铺、本品牌定位、价格、目标人群、风格不尽相同,但是属于同一三级类目,而且各方面表现并不如本店铺、本品牌的产品。

### (三)确认竞品分析维度

竞品分析可以从产品内核、用户体验和商业模式三个维度进行分析,如图1-2所示。

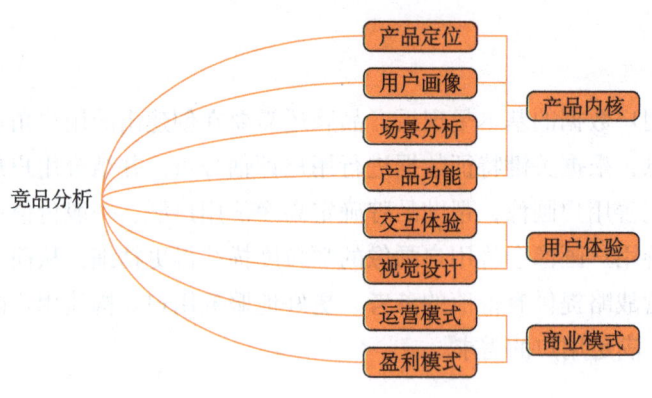

图 1-2 竞品分析

## （四）收集竞品数据

### 1. 数据采集指标

数据采集指标包括直播账号口碑表现、主播人设、直播风格、直播间标题、直播间封面等，竞品信息主要是从产品定位、直播单品数量、销量、售价和销售额等方面进行采集。

### 2. 数据采集渠道

直播数据采集渠道可以分为直播平台和直播数据平台，直播平台包括淘宝直播平台、抖音直播平台、快手直播平台、小红书直播平台、视频号直播平台，等等；直播数据平台包括蝉妈妈、知瓜数据、灰豚数据、飞瓜数据、淘数据，等等。

## （五）数据整理与分析

### 1. 竞品分析方法

常用的竞品分析的方法有比较法、矩阵分析法、竞品跟踪矩阵、功能拆解法、探索需求、PEST 分析法、波特五力模型、SWOT 分析法。

在这里建议使用 SWOT 分析法（即态势分析法）将与研究对象密切相关的各种主要内部的优势和劣势、外部的机会和威胁等列举出来，并依照矩阵形式排列，然后用系统分析的思想，把各种因素相互匹配起来加以分析，从中得出一系列相应的结论，而结论通常带有一定的决策性。SWOT 分析法的构成如图 1-3 所示。

图 1-3 SWOT 分析法

### 2. 竞品数据分析

竞品数据主要从三方面进行分析：竞品定位、热销竞品、优劣势对比。从产品定位到优劣势对比分析，可以明确自家产品和竞品的优劣势和机会、风险，以便运营人员制订更好的直播运营策略。

## （六）撰写竞品分析报告

竞品分析报告最经典的报告结构是"总—分—总"，包括总述、分述和总结与建议三部分。

总述包括竞品分析的背景、目的、目标、分析思路、目录、关键发现；分述包括按照分析维度划分章节，介绍每个分析维度的具体过程与小结；总结与建议包括结论、对产品提出的建议、行动计划、附录等。

## 五、直播运营竞争战略

### （一）总成本领先战略

总成本领先战略是指通过最大努力降低成本、降低商品价格来维持竞争优势，使自身的总成本低于竞品总成本，在总成本方面处于优势地位。直播运营中总成本包括人力成本、直播设备成本、直播活动成本、直播推广成本、管理成本等，要做到成本领先，就必须在管理方面对成本严格控制。

### （二）差异化战略

差异化战略是指公司提供的产品或服务跟其他公司不同，或功能多，或款式新，或更加美观。对于直播公司而言，差异化可以体现在直播选品的差异化、直播用户群体的差异化、直播主播人设的差异化等方面。

### （三）专一化战略

专一化战略又称目标集中战略、目标聚集战略等，是指主攻某个特定的用户群体、产品系列的一个细分区段或某一个地区市场。

## 六、直播选品原则

直播选品要选择适用范围广、市场渗透率高、性价比高、可展示性好、亲测好用

微课 1-2：
直播选品
原则

的耐用品。

## 七、直播产品结构

微课 1-3：直播产品结构

### （一）引流款

引流款的作用是为直播间引流，也常被称为"福利款"或者"宠粉款"。能够给直播间带来流量的商品、有热度的商品、低价的商品、知名品牌的商品，都可以作为引流款。

### （二）利润款

利润款即利润较高的商品，主播需要推出利润款来实现盈利，且利润款在所有商品中要占较高的比例。

### （三）形象款

形象款承担着提供信任背书、提升直播间形象的作用。形象款的意义在于引导用户驻足观看，但又让用户觉得价格和价值略高于预期，所以形象款要选择一些高品质、高格调、大品牌的商品，或选择一些高品质、高调性、高客单价的极小众产品。

### （四）爆款

爆款也被称为"跑量款"，就是店铺销量火爆的产品，主要作用是为直播间冲业绩。爆款一定要保证货源充足。

上述四种产品的配置比例一般为：40% 的引流款，30% 的利润款，20% 的形象款，10% 的爆款。比如，一场直播有 30 款商品，以此比例来规划商品数量，则产品的数量规划是 12 款引流款，9 款利润款，6 款形象款，以及 3 款爆款。

除此之外，为了保证每场直播的新鲜感，维护老粉丝（粉丝为网络用语，是指认可价值观、长期跟随、响应号召并采取行动的人群）的黏性，主播要不断更新直播内容，更新直播商品。一场直播更新的商品数至少要达到正常直播总商品数的 50%，其中主推商品占 80%，畅销单品占 20%。

## 八、直播选品方法

### （一）直播带货产品与账号定位属性相关联

视频内容要与账号定位垂直，系统才会根据垂直内容贴精准标签，将视频更精准地推荐给用户。

### （二）直播带货产品需亲自使用过

亲自使用过产品才知道它到底是不是一款好产品，是不是适合本店铺、本品牌消费群体需求。同时，在选择产品时一定要遵守相关法律法规，遵守《中华人民共和国产品质量法》，禁止在销售的产品中掺杂、掺假，以假充真，以次充好。

### （三）根据市场热度选择直播带货产品

直播选品的逻辑与发短视频的逻辑是一样的，可以去"蹭热度"。例如，网红产品、夏天的蚊香、冬天的暖宝宝贴，等等，这些都是时下热门的产品，可以去选择它们作为直播带货产品。

### （四）选择高性价比、高复购率的产品

不管是在哪个平台直播带货，高性价比、客单价低的产品总是会在直播带货中占优势。除此之外，所选产品应该是粉丝购买一段时间后很快还会购买的产品。

### （五）按照粉丝需求选品

账号上的粉丝一定是因为直播间的特定属性能满足他们的需求才关注直播间，所以选择直播带货产品时一定要了解直播账号上粉丝的用户属性和需求。也可以通过热点商品，发现直播间高曝光、高点击率的商品，同时也可以通过关键评论查看直播间观众提及的商品种类和品牌需求，更好地发现观众的潜在需求。

### （六）借助工具选品

合理有效地运用工具可以让选品工作事半功倍。例如，使用飞瓜数据、蝉妈妈数据等数据分析平台进行分析。

## 九、直播产品成本、利润核算

### （一）产品成本核算

#### 1.产品成本构成

（1）采购成本：购买产品的成本、物流费用等；

（2）平台固定成本：平台佣金、平台服务费等；

（3）运营成本：直播过程所耗费的成本；
（4）人员成本：主播和运营等人员成本。

### 2. 产品成本核算

产品成本 = 货品成本 + 平台固定成本 + 运营成本 + 人员成本

货品成本 = 包装费 + 运输费 + 采购成本

## （二）利润核算

### 1. 毛利润

销售收入扣除已售货品成本后的利润称为毛利润。计算公式如下：

毛利润 = 销售收入 − 已售货品成本

毛利润率 = 毛利润 ÷ 销售收入 × 100%

### 2. 净利润

销售收入扣除所有的成本支出后的利润称为净利润。计算公式如下：

净利润 = 销售收入 − 销售总成本

净利润率 = 净利润 ÷ 销售收入 × 100%

微课1-4：
直播产品
定价策略

## 十、直播产品定价策略

### （一）成本加成定价法

成本加成定价法是一种最常见的定价方法，采用这种方法定价只需要考虑货品成本和期望获取的利润。计算公式如下：

价格 = 货品成本 + 利润

一般情况下，利润可以设为货品成本的30%～60%。

### （二）阶梯定价策略

阶梯定价是指购买一定数量之内是一种价格，超过一定数量以后是另一种价格的定价方法。如果画成图，形状就像阶梯一样，所以称为阶梯定价。例如，某直播间销售地板清洁养护剂采取的就是阶梯定价法：购买一瓶39.9元，两瓶59.9元，三瓶69.9元。买得越多越划算，从而刺激买家提高购买数量。

## （三）锚点定价策略

当用户看到产品后无法评判价格的高低的时候，他就会找到一个同类的产品去进行对比，为的是给产品找到一个参考的标准，这个称为价格锚点。在直播时，主播可以联系商家把价格设置得高一些，例如，一款粉底液，设置售价199元，直播售价159元。199元就是一个价格锚点，用于作为一个参照标准，提升了用户对于商品的价值感知，直播间售价159元让用户感觉在直播间可以享受这样的优惠价格。既把商品销售出去了，又让用户感到满意了。

## （四）折扣定价策略

折扣定价策略也是一种常见的定价策略，即以低于市场价的价格进行打折销售。例如，秋天快到时，可以对全场夏季商品打5折销售。

## （五）尾数定价策略

尾数定价策略是指在确定零售价格时，利用用户"求廉"的心理制订非整数价格，以零头数结尾，使用户在心理上有一种便宜的感觉；或者是价格尾数取吉利数，从而激起消费者的购买欲望，促进商品销售。

## （六）商品组合定价法

商品组合定价法属于心理定价的范畴，是指通过分析不同组合商品的关系和市场表现，把不同的商品组合在一起，以获取更大的利润。

### 1. 买赠定价法

"买一送一"是最常见的销售模式之一，是指通过向用户赠送小包装的新产品、价格较低的小件商品，或者是试用装，刺激用户下单购买正装。

### 2. 套装定价法

套装定价法是指将相同品类的商品放在一起组合成一个套装，设定一个价格进行销售的定价方法。

## 学习情境

网络直播选品是网络直播成败的关键因素之一，选品直接决定直播间的销售业绩，直播间选品需要结合直播形式、直播产品结构、主播定位、账号特征、用户特征、直播主题和账号定位等来进行选择。

双福福城商贸有限公司现针对双十一狂欢活动面向新老用户进行福利直播，作为团队负责人，你需要和团队根据给定的商品销售数据，结合目标市场对商品进行评估，从公司销量排名较好的商品中选择三款直播商品。通过对商品角色进行定位，明确商品在直播间的作用，合理规划运营资金，完成三款直播商品的采购，并制订商品日常价格、直播价格、商品促销形式及利益点等。

双福福城商贸有限公司近期的销售数据见表1-1。

表1-1 销售数据表

| 商品名称 | 历史销售数据 | | | | | | 市场需求数据 | | | 用户口碑 |
|---|---|---|---|---|---|---|---|---|---|---|
| | 商品浏览量/次 | 商品访客数/人 | 成交买家数/人 | 成交转化率 | 成交金额/元 | 利润率 | 预计需求量/件 | 预计竞争店铺数/个 | 垄断系数 | 买家评价 |
| 牛奶1 | 33 253 | 14 109 | 1 915 | 13.57% | 107 048.50 | 82.44% | 1 600 | 14 | 8% | 4.7 |
| 牛奶2 | 35 486 | 15 510 | 1 946 | 12.55% | 93 213.40 | 65.64% | 1 800 | 12 | 11% | 4.8 |
| 牛奶3 | 38 615 | 18 224 | 2 353 | 12.91% | 100 943.70 | 48.63% | 1 800 | 11 | 9% | 4.8 |
| 牛奶4 | 20 209 | 6 312 | 616 | 9.76% | 43 058.40 | 85.96% | 1 400 | 16 | 4% | 4.9 |
| 牛奶5 | 64 112 | 25 721 | 2 664 | 10.36% | 74 325.60 | 30.86% | 2 600 | 18 | 5% | 4.6 |
| 双肩包1 | 41 301 | 14 639 | 2 109 | 14.41% | 111 566.10 | 117.73% | 2 000 | 17 | 12% | 4.8 |
| 双肩包2 | 67 225 | 26 928 | 2 610 | 9.69% | 78 039.00 | 31.75% | 2 200 | 12 | 15% | 4.6 |
| 双肩包3 | 23 921 | 8 501 | 286 | 3.36% | 40 011.40 | 77.73% | 500 | 10 | 11% | 4.9 |
| 双肩包4 | 36 801 | 17 768 | 3 154 | 17.75% | 157 700.00 | 78.57% | 1 800 | 15 | 13% | 4.8 |
| 双肩包5 | 34 933 | 12 150 | 1 629 | 13.41% | 104 256.00 | 126.92% | 1 700 | 13 | 12% | 4.7 |
| 订书机1 | 40 553 | 17 894 | 3 610 | 20.17% | 43 320.00 | 79.49% | 11 000 | 19 | 17% | 4.7 |
| 订书机2 | 69 785 | 30 298 | 2 855 | 9.42% | 22 554.50 | 16.00% | 18 000 | 14 | 11% | 4.7 |
| 订书机3 | 38 212 | 16 583 | 3 882 | 23.41% | 60 171.00 | 208.82% | 13 000 | 11 | 10% | 4.8 |
| 订书机4 | 20 126 | 4 894 | 605 | 12.36% | 25 954.50 | 282.83% | 4 000 | 9 | 8% | 4.9 |
| 订书机5 | 30 883 | 16 045 | 3 009 | 18.75% | 51 754.80 | 148.98% | 9 000 | 12 | 13% | 4.6 |
| 粗粮饼干1 | 38 848 | 22 012 | 2 885 | 13.11% | 141 365.00 | 121.11% | 2 400 | 16 | 9% | 4.6 |
| 粗粮饼干2 | 13 491 | 6 298 | 855 | 13.58% | 58 995.00 | 147.10% | 1 800 | 18 | 11% | 4.9 |
| 粗粮饼干3 | 60 489 | 22 681 | 2 910 | 12.83% | 48 888.00 | 25.53% | 5 000 | 15 | 15% | 4.9 |

(续表)

| 商品名称 | 历史销售数据 | | | | | | 市场需求数据 | | | 用户口碑 |
|---|---|---|---|---|---|---|---|---|---|---|
| | 商品浏览量/次 | 商品访客数/人 | 成交买家数/人 | 成交转化率 | 成交金额/元 | 利润率 | 预计需求量/件 | 预计竞争店铺数/个 | 垄断系数 | 买家评价 |
| 粗粮饼干4 | 37 990 | 17 639 | 2 854 | 16.18% | 102 458.60 | 94.34% | 3 000 | 14 | 12% | 4.8 |
| 粗粮饼干5 | 46 964 | 16 950 | 2 465 | 14.54% | 81 098.50 | 87.25% | 3 200 | 11 | 10% | 4.8 |
| 跳绳1 | 57 607 | 16 621 | 2 522 | 15.17% | 70 363.80 | 77.52% | 3 600 | 13 | 17% | 4.7 |
| 跳绳2 | 47 290 | 15 466 | 2 562 | 16.57% | 97 099.80 | 99.39% | 2 800 | 10 | 9% | 4.8 |
| 跳绳3 | 25 311 | 5 951 | 536 | 9.01% | 38 056.00 | 158.82% | 1 700 | 19 | 12% | 4.9 |
| 跳绳4 | 66 066 | 21 354 | 3 214 | 15.05% | 43 389.00 | 32.81% | 7 500 | 12 | 16% | 4.6 |
| 跳绳5 | 42 368 | 14 894 | 2 257 | 15.15% | 88 023.00 | 89.94% | 2 600 | 16 | 14% | 4.7 |

双福福城商贸有限公司的这几款商品的供应商信息见表 1–2～表 1–7。

表 1–2  供应商 1 信息表

| 供应商名称 | 深圳市金安达有限公司 | | 经营产品 | 牛奶、订书机、粗粮饼干、双肩包、跳绳 | |
|---|---|---|---|---|---|
| 当前已销售数量/件 | 151 | | 近 30 天接到订单数/笔 | 31 | 意向客户/人 | 23 |
| 提供服务 | 七天无理由退货/极速退款/质量保障 | | 响应率 | 96% | 回头率 | 39% |
| 综合服务评分 | 采购咨询服务 | 5 | 纠纷解决 | 5 | | |
| | 退还体验 | 4 | 物流时效 | 4 | | |
| | 品质体验 | 5 | | | | |
| 商品信息 | | | | | | |
| 商品名称 | 商品价格—起定量 | 商品价格—起定量 | 商品价格—起定量 | 出货速度 | 运费 | |
| 牛奶 | 27.90 元 0～99 件 | 25.90 元 100～500 件 | 22.00 元 ≥501 件 | 1 000 件/7 天 | 10 元/50 件 | |
| 订书机 | 3.40 元 0～99 件 | 3.20 元 100～500 件 | 2.80 元 ≥501 件 | 2 000 件/7 天 | 10 元/50 件 | |

(续表)

| 商品信息 | | | | | |
|---|---|---|---|---|---|
| 商品名称 | 商品价格—起定量 | 商品价格—起定量 | 商品价格—起定量 | 出货速度 | 运费 |
| 跳绳 | 13.00元 0~99件 | 12.00元 100~500件 | 11.50元 ≥501件 | 2 300件/7天 | 5元/50件 |
| 双肩包 | 24.00元 0~99件 | 22.00元 100~500件 | 19.00元 ≥501件 | 2 300件/7天 | 20元/50件 |
| 粗粮饼干 | 15.90元 0~99件 | 14.90元 100~500件 | 13.50元 ≥501件 | 2 300件/7天 | 5元/50件 |

表1-3 供应商2信息表

| 供应商名称 | 东莞市赛泰有限公司 | 经营产品 | 牛奶、订书机、粗粮饼干、双肩包、跳绳 | | |
|---|---|---|---|---|---|
| 当前已销售数量/件 | 183 | 近30天接到订单数/笔 | 42 | 意向客户/人 | 29 |
| 提供服务 | 七天无理由退货/极速退款/质量保障 | 响应率 | 98% | 回头率 | 46% |
| 综合服务评分 | 采购咨询服务 | 4 | 纠纷解决 | 5 | |
| | 退还体验 | 5 | 物流时效 | 4 | |
| | 品质体验 | 4 | | | |
| 商品信息 | | | | | |
| 商品名称 | 商品价格—起定量 | 商品价格—起定量 | 商品价格—起定量 | 出货速度 | 运费 |
| 牛奶 | 25.50元 0~50件 | 23.00元 51~500件 | 21.00元 ≥501件 | 1 000件/7天 | 10元/50件 |
| 订书机 | 3.90元 0~50件 | 3.50元 51~500件 | 3.20元 ≥501件 | 2 000件/7天 | 15元/50件 |
| 跳绳 | 13.00元 0~50件 | 12.50元 51~500件 | 12.00元 ≥501件 | 2 300件/7天 | 8元/50件 |
| 双肩包 | 75.90元 0~50件 | 73.90元 51~500件 | 71.00元 ≥501件 | 2 300件/7天 | 16元/50件 |
| 粗粮饼干 | 14.90元 0~50件 | 14.50元 51~500件 | 13.90元 ≥501件 | 2 300件/7天 | 5元/50件 |

## 学习模块一　网络直播选品与规划

表1-4　供应商3信息表

| 供应商名称 | 无锡市美格尔有限公司 | 经营产品 | 牛奶、订书机、粗粮饼干、双肩包、跳绳 | | |
|---|---|---|---|---|---|
| 当前已销售数量/件 | 165 | 近30天接到订单数/笔 | 33 | 意向客户/人 | 22 |
| 提供服务 | 七天无理由退货/极速退款/质量保障 | 响应率 | 97% | 回头率 | 44% |
| 综合服务评分 | 采购咨询服务 | 4 | 纠纷解决 | 4 | |
| | 退还体验 | 5 | 物流时效 | 5 | |
| | 品质体验 | 5 | | | |
| 商品信息 | | | | | |
| 商品名称 | 商品价格—起定量 | 商品价格—起定量 | 商品价格—起定量 | 出货速度 | 运费 |
| 牛奶 | 34.00元 0~200件 | 32.00元 201~500件 | 30.50元 ≥501件 | 800件/7天 | 15元/50件 |
| 订书机 | 9.90元 0~200件 | 9.20元 201~500件 | 8.50元 ≥501件 | 2 200件/7天 | 15元/50件 |
| 跳绳 | 20.00元 0~200件 | 17.00元 201~500件 | 16.50元 ≥501件 | 2 500件/7天 | 10元/50件 |
| 双肩包 | 26.00元 0~200件 | 25.00元 201~500件 | 23.00元 ≥501件 | 2 400件/7天 | 20元/50件 |
| 粗粮饼干 | 25.90元 0~200件 | 24.90元 201~500件 | 23.90元 ≥501件 | 2 500件/7天 | 5元/50件 |

表1-5　供应商4信息表

| 供应商名称 | 宏奇商贸有限公司 | 经营产品 | 牛奶、订书机、粗粮饼干、双肩包、跳绳 | | |
|---|---|---|---|---|---|
| 当前已销售数量/件 | 177 | 近30天接到订单数/笔 | 39 | 意向客户/人 | 23 |
| 提供服务 | 七天无理由退货/极速退款/质量保障 | 响应率 | 97% | 回头率 | 42% |

（续表）

| 综合服务评分 | 采购咨询服务 | 5 | 纠纷解决 | 5 |
|---|---|---|---|---|
| | 退还体验 | 5 | 物流时效 | 5 |
| | 品质体验 | | 4 | |

| 商品信息 ||||||
|---|---|---|---|---|---|
| 商品名称 | 商品价格—起定量 | 商品价格—起定量 | 商品价格—起定量 | 出货速度 | 运费 |
| 牛奶 | 24.00 元 0~99 件 | 23.50 元 100~500 件 | 23.00 元 ≥501 件 | 800 件/7 天 | 10 元/50 件 |
| 订书机 | 4.90 元 0~99 件 | 4.50 元 100~500 件 | 4.20 元 ≥501 件 | 2 200 件/7 天 | 15 元/50 件 |
| 跳绳 | 25.50 元 0~99 件 | 24.00 元 100~500 件 | 22.50 元 ≥501 件 | 2 500 件/7 天 | 5 元/50 件 |
| 双肩包 | 25.00 元 0~99 件 | 23.00 元 100~500 件 | 21.00 元 ≥501 件 | 2 400 件/7 天 | 24 元/50 件 |
| 粗粮饼干 | 19.90 元 0~99 件 | 17.90 元 100~500 件 | 16.90 元 ≥501 件 | 2 500 件/7 天 | 6 元/50 件 |

表 1-6　供应商 5 信息表

| 供应商名称 | 博天有限公司 | 经营产品 | 牛奶、订书机、粗粮饼干、双肩包、跳绳 ||
|---|---|---|---|---|
| 当前已销售数量/件 | 124 | 近 30 天接到订单数/笔 | 25 | 意向客户/人 | 20 |
| 提供服务 | 七天无理由退货/极速退款/质量保障 | 响应率 | 95% | 回头率 | 41% |
| 综合服务评分 | 采购咨询服务 | 4 | 纠纷解决 | 4 |
| | 退还体验 | 3 | 物流时效 | 3 |
| | 品质体验 | | 4 | |

| 商品信息 ||||||
|---|---|---|---|---|---|
| 商品名称 | 商品价格—起定量 | 商品价格—起定量 | 商品价格—起定量 | 出货速度 | 运费 |
| 牛奶 | 24.00 元 0~200 件 | 23.00 元 201~500 件 | 22.00 元 ≥501 件 | 500 件/7 天 | 10 元/50 件 |

(续表)

| 商品信息 | | | | | |
|---|---|---|---|---|---|
| 商品名称 | 商品价格—起定量 | 商品价格—起定量 | 商品价格—起定量 | 出货速度 | 运费 |
| 订书机 | 2.50元 0~200件 | 2.30元 201~500件 | 2.10元 ≥501件 | 1 400件/7天 | 12元/50件 |
| 跳绳 | 12.00元 0~200件 | 11.00元 201~500件 | 10.00元 ≥501件 | 1 600件/7天 | 8元/50件 |
| 双肩包 | 18.90元 0~200件 | 17.90元 201~500件 | 16.00元 ≥501件 | 1 200件/7天 | 16元/50件 |
| 粗粮饼干 | 9.90元 0~200件 | 9.50元 201~500件 | 8.90元 ≥501件 | 1 100件/7天 | 5元/50件 |

表1-7 供应商6信息表

| 供应商名称 | 祥子商贸有限公司 | 经营产品 | 牛奶、订书机、粗粮饼干、双肩包、跳绳 | | |
|---|---|---|---|---|---|
| 当前已销售数量/件 | 136 | 近30天接到订单数/笔 | 29 | 意向客户/人 | 24 |
| 提供服务 | 七天无理由退货/极速退款/质量保障 | 响应率 | 94% | 回头率 | 42% |
| 综合服务评分 | 采购咨询服务 | 4 | 纠纷解决 | 4 | |
| | 退还体验 | 4 | 物流时效 | 4 | |
| | 品质体验 | 3 | | | |
| 商品信息 | | | | | |
| 商品名称 | 商品价格—起定量 | 商品价格—起定量 | 商品价格—起定量 | 出货速度 | 运费 |
| 牛奶 | 17.50元 0~49件 | 16.00元 50~499件 | 15.00元 ≥500件 | 1 000件/7天 | 10元/50件 |
| 订书机 | 2.50元 0~49件 | 2.20元 50~499件 | 2.00元 ≥500件 | 2 000件/7天 | 15元/50件 |
| 跳绳 | 6.90元 0~49件 | 6.20元 50~499件 | 5.90元 ≥500件 | 2 300件/7天 | 8元/50件 |

（续表）

| 商品信息 | | | | | |
|---|---|---|---|---|---|
| 商品名称 | 商品价格—起定量 | 商品价格—起定量 | 商品价格—起定量 | 出货速度 | 运费 |
| 双肩包 | 46.00元<br>0~49件 | 44.00元<br>50~499件 | 43.00元<br>≥500件 | 2 300件/7天 | 16元/50件 |
| 粗粮饼干 | 9.40元<br>0~49件 | 9.20元<br>50~499件 | 9.00元<br>≥500件 | 2 300件/7天 | 5元/50件 |

借阅或上网查询有关的资料，完成以下任务：

（1）认真分析任务书，完成任务分析表；
（2）制订工作计划，填写人员分工表、工作流程表、资金预算表；
（3）结合目标市场和竞品分析，完成直播选品，填写直播选品信息表；
（4）选择供应商采购商品，制订商品价格，填写采购计划表；
（5）制订合适的销售策略，填写直播间销售策略表。

# 学习模块一　网络直播选品与规划

## 一、任务资讯

### （一）企业工单

企业工单见表1-8。

表1-8　网络直播选品与规划企业工单

订单编号：ZB2023120001

| 工作任务 | 网络直播选品与规划 | | |
|---|---|---|---|
| 派单企业 | 双福福城商贸有限公司 | 截止日期 | |
| 接单人 | | 负责导师 | |
| 工单描述 | 本工单依据电商直播企业的典型工作任务指定开发，主要面向直播运营岗位，培养运营专员的商品销售管理能力，助其提升专业技能，积累实操经验 | | |
| 企业目标 | OKR即目标与关键成果，是一种企业管理方式，以过程性考核为核心，关键结果"可量化、可追踪" | | |
| | 目标（Objective） | O：为双十一购物狂欢节选择售卖商品 | |
| | 关键成果（Key Result） | KR1：根据要求选择三款商品并进行角色定位 | |
| | | KR2：选择供应商采购并制订价格 | |
| | | KR3：根据直播间目标制订直播间销售策略 | |
| 工作职责 | 1. 负责平台的选品，满足公司对于商品的需求；<br>2. 用敏锐的、具有前瞻性的眼光预测未来的流行趋势，在平台上选择出具有潜力的产品，打造爆款；<br>3. 选定商品后，进行分析、评估，寻找优良的采购渠道，商讨后购买合适数量的商品；<br>4. 上传商品，并提供选品依据和推广建议，制订商品销售策略 | | |
| 工作内容 | 1. 商品选品及角色定位；<br>2. 商品采购及价格制订；<br>3. 直播间销售策略制订 | | |
| 接单时间 | | 任务完成时间 | 部门 |

### （二）任务分析表

任务分析表见表1-9。

表 1-9　网络直播选品与规划任务分析表

| 编写人员 | | 日期 | |
|---|---|---|---|
| 学习任务 | 任务简介 | | |
| 直播选品及角色定位 | 直播团队根据给定的商品销售数据，结合目标市场对用户进行分析，绘制用户画像；选择竞品，收集竞品数据，对竞品进行分析，撰写竞品分析报告；对商品进行评估，选择三款直播商品，对商品角色进行定位，明确商品在直播间的作用 | | |
| 商品采购及价格制订 | 根据情境资料中提供的供应商信息，选择合适的供应商进行采购商品；根据成本预算及直播间产品结构划分，确定商品的采购数量；根据竞品及目标用户定位、客单价，确定日常销售价格 | | |
| 直播间销售策略制订 | 根据直播目标，确定主推款，制订直播间的销售价格，确定商品利益点，完成商品销售策略的制订 | | |

## 二、制订计划

### （一）人员分工表

明确部门内部情境角色，如运营经理、选品专员、采购专员、运营专员，填写人员分工表（表 1-10）。

表 1-10　人员分工表

| 班级 | | | 组号 | | 指导教师 | |
|---|---|---|---|---|---|---|
| 组长 | | | 学号 | | | |
| 组员 | 姓名 | | 学号 | 姓名 | 学号 | 备注 |
| | | | | | | |
| | | | | | | |
| 任务分工 | 角色 | | 职责 | | 人员 | 备注 |
| | 运营经理 | | 负责审核各专员工作，协调内部分工和进度 | | | |
| | 选品专员 | | 负责商品选品及商品结构规划 | | | |
| | 采购专员 | | 负责商品采购及商品价格制订 | | | |
| | 运营专员 | | 负责制订商品销售策略 | | | |

## （二）工作流程表

认真阅读工作任务书，梳理任务内容，理解工作任务要求，制订工作流程，填写工作流程表（表 1-11）。

表 1-11　工作流程表

| 工作流程 | 具体操作要求 | |
|---|---|---|
| 直播选品及角色定位 | 对用户进行分析，确定目标用户，绘制用户画像 | |
| | 对标竞争对手，收集竞争对手数据，制订差异化竞争策略 | |
| | 直播间品类结构划分 | 引流款：以引流能力为主，利润、用户口碑及价格吸引力为辅进行定位 |
| | | 形象款：以价格为主，用户口碑及利润为辅进行定位 |
| | | 利润款：以利润为主，用户口碑及价格吸引力为辅进行定位 |
| 商品采购及价格制订 | 根据背景资料，根据价格等从六个供应商中选择合适的供应商 | |
| | 用成本、利润核算方法，制订合理的商品采购数量 | |
| | 结合客单价、竞品、利润等因素，确定合理的商品价格 | |
| 直播间销售策略制订 | 根据直播间冲销量、保利润的要求，制订合理的直播间销售价格，完成商品利益点的填写 | |

## （三）资金预算表

根据公司预算，填写本场直播的资金预算表（表 1-12）。

表 1-12　资金预算表

| 采购资金 | 推广资金 | 活动资金 | 其他 |
|---|---|---|---|
| | | | |

> **提示**
>
> 公司本场直播预算＝采购资金＋推广资金＋活动资金＋其他。

## （四）任务计划

填写任务计划表（表 1-13）。

姓　名 _____
班　级 _____

表 1-13　任务计划表

| 任务名称 | | 人员 | 计划完成时间 |
|---|---|---|---|
| 直播选品及角色定位 | 目标用户定位 | | |
| | 竞品分析 | | |
| | 引流款定位 | | |
| | 利润款定位 | | |
| | 形象款定位 | | |
| | 爆款定位 | | |
| 商品采购及价格制订 | 选择供应商 | | |
| | 确定采购数量 | | |
| | 制订商品价格 | | |
| 直播间销售策略制订 | | | |
| | | | |

## 三、任务准备

网络查阅直播选品专员的工作职责及能力要求，填写选品专员的工作职责表（表1-14）。

表 1-14　选品专员工作职责表

| 工作岗位 | 选品专员 |
|---|---|
| 工作职责 | |
| 能力要求 | |

借助网络和相关学习平台，查阅网络直播选品、采购价格制订等相关知识点，并做好记录，填写工作准备记录表（表1-15）。

表 1-15　工作准备记录表

| 序号 | 查阅内容 | 知识点 | 疑点 |
|---|---|---|---|
| 1 | | | |

学习模块一　网络直播选品与规划

姓　名
班　级

（续表）

| 序号 | 查阅内容 | 知识点 | 疑点 |
|---|---|---|---|
| 2 |  |  |  |
| 3 |  |  |  |

## 四、任务实施

### （一）直播选品及商品角色定位

目标用户分析是直播选品的首要工作，不同用户群体其属性不同，喜欢的产品也千差万别。因此，运营人员要从产品属性、用户属性出发，精准定位目标用户，绘制用户画像。

引导问题1：目标用户定位的目的是什么？目标用户定位主要解决什么问题？

_____
_____
_____
_____

引导问题2：用户画像是指什么？用户画像的作用是什么？

_____
_____
_____
_____

> **提示**
>
> 用户画像应用
> （1）用户画像可以指导选品，根据目标用户的性别、喜好、消费能力等信息考虑直播选品；
> （2）用户画像可以指导运营，根据用户的喜好、活跃时间、平台等信息

判断运营内容、渠道；

（3）用户画像可以指导精准投放，结合用户的喜好、消费能力、地域、活跃平台等信息定向投放广告。

引导问题3：如何绘制用户画像？

根据任务要求及图1-4的信息完成用户画像分析，填写用户画像分析表（表1-16）。

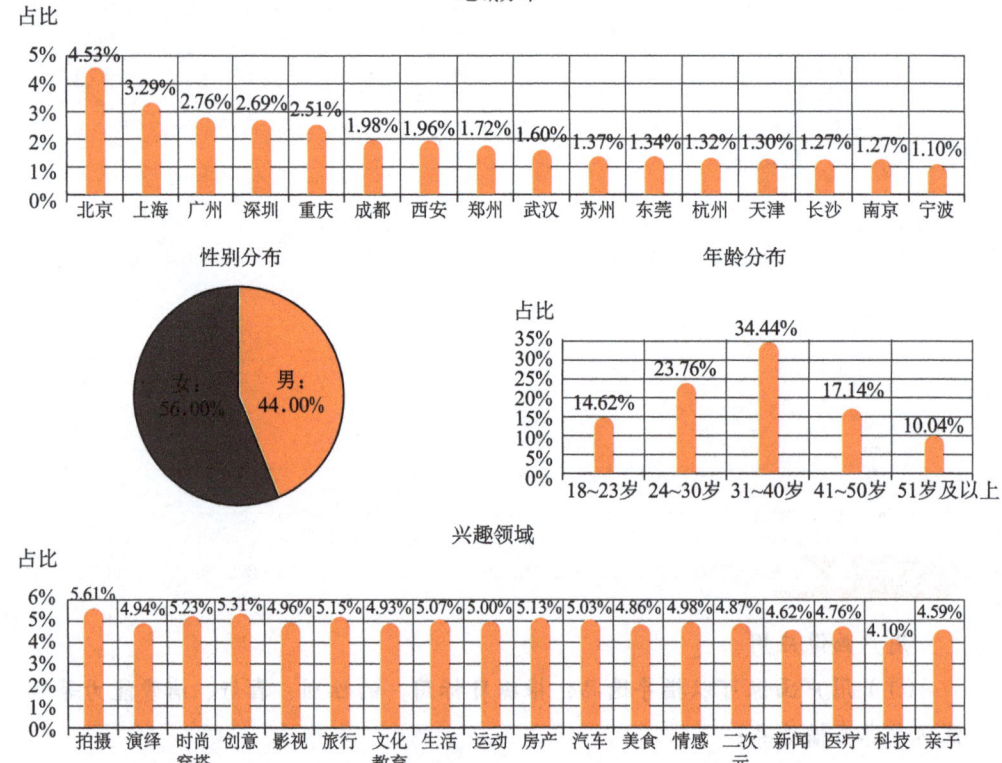

图1-4 目标用户画像

学习模块一　网络直播选品与规划　　　　　姓　名
　　　　　　　　　　　　　　　　　　　　班　级

表 1-16　用户画像分析

| 地域 | |
|---|---|
| 性别 | |
| 年龄 | |
| 兴趣 | |

"知彼知己，百战不殆。"商场如战场，在直播选品时，"知彼"是指对自己的竞争对手了如指掌，只有深入剖析竞争对手，才能够在竞争中立于不败之地，"知己"就是清楚自己产品的特点、优势。因此，在完成了目标用户定位，绘制了目标用户画像后，还需要对标竞品，找到竞争对手账号，收集竞争对手相关数据，以便运营人员制订有针对性的营销策略。

引导问题 4：竞品分析的目标是什么？

_____

_____

_____

_____

引导问题 5：如何寻找竞争对手？

_____

_____

_____

_____

引导问题 6：竞争对手数据主要有哪些指标？如何收集？

_____

_____

_____

_____

引导问题 7：竞争对手数据该如何整理分析？

引导问题 8：怎么制订运营策略？

引导问题 9：竞品分析报告包含哪些内容？

根据竞品分析数据，填写竞品分析报告（表 1-17）。

表 1-17　竞品分析报告

| 一、竞品分析目标 |
|---|
|  |
| 二、收集竞争对手数据 |
|  |
| 三、选择竞品 |
|  |

学习模块一　网络直播选品与规划

（续表）

| 四、竞品分析 |
|---|
| 1. 竞品定位分析 |
|  |
| 2. 热销竞品分析 |
|  |
| 3. 自身与竞品优劣势对比分析 |
|  |
| 五、竞争战略分析 |
|  |

为了更精准地选品，运营人员需要熟悉选品原则，掌握选品的方法和技巧，结合竞争策略选出适合的直播商品。

引导问题 10：直播选品时应该遵循哪些原则？

引导问题 11：不同级别的主播在选品时考虑的因素一样吗？

引导问题 12：直播选品的方法有哪些？

姓 名 _____
班 级 _____

学习模块一　网络直播选品与规划

引导问题 13：直播间产品结构类别有哪些？

引导问题 14：如何给直播间商品进行角色定位？

根据任务要求填写直播选品信息表（表 1-18）。

表 1-18　直播选品信息表

| 序号 | 商品名称 | 商品规格 | 商品定位 | 备注 |
| --- | --- | --- | --- | --- |
| 1 |  |  |  |  |
| 2 |  |  |  |  |
| 3 |  |  |  |  |

（二）商品采购及价格制订

引导问题 15：如何选择合适的供应商？

学习模块一　网络直播选品与规划

姓　名
班　级

029

**引导问题 16**：商品的成本包括哪些方面？如何核算商品成本？

**引导问题 17**：如何核算商品的利润？

**引导问题 18**：如何确定商品的采购数量？

**引导问题 19**：采购商品定价的方法有：成本加成定价法、_____、_____、_____、_____、_____、商品组合定价法。

根据任务要求填写采购计划表（表 1-19）。

表 1-19　采购计划表

| 商品名称 | 供应商 | 采购价格 | 商品定价 | 采购数量 | 采购成本 |
| --- | --- | --- | --- | --- | --- |
|  |  |  |  |  |  |
|  |  |  |  |  |  |
|  |  |  |  |  |  |

### （三）直播间销售策略制订

**引导问题 20**：常见的促销形式有优惠券、_____、秒杀、_____、_____、买就送赠品及其他。

**引导问题 21**：如何制订直播间销售价格？

_____

_____

_____

_____

**引导问题 22**：如何撰写直播间商品利益点？

_____

_____

_____

_____

> **提示**
>
> 不同促销形式的商品利益点不同，见表 1-20。
>
> 表 1-20　不同促销形式的商品利益点示例
>
> | 促销形式 | 利益点设计 |
> | --- | --- |
> | 返现 | 拍下返 5 元红包 |
> | 拍立减 | 拍下减 10 元，到手价 23.8 元 |
> | 优惠券 | 领 80 元券，到手价 119 元 |
> | 买就送（赠品） | 29.9 元，买一送一 |
> | 直播间专享价 | 直播间拍下到手价 25.8 元 |
> | 综合 | 领 60 元券，拍 1 盒发 8 盒，到手价 229 元再加赠 |

学习模块一　网络直播选品与规划

姓　名
班　级

根据任务要求填写直播间销售策略表（表1-21）。

表1-21　直播间销售策略表

| 商品名称 | 日常售价 | 直播间售价 | 促销形式 | 商品利益点 |
|---|---|---|---|---|
|  |  |  |  |  |
|  |  |  |  |  |
|  |  |  |  |  |

## 五、技术移交

表1-22　直播选品与规划评分表

| 完成人 | | | 培训师 | |
|---|---|---|---|---|
| 任务编号 | 任务内容 | 总分 | 评分要点 | 得分 |
| 1 | 任务资讯 | 10分 | 企业工单（3分） | |
| | | | 任务分析表（7分） | |
| 2 | 制订计划 | 20分 | 人员分工表（5分） | |
| | | | 工作流程表（5分） | |
| | | | 资金预算表（5分） | |
| | | | 任务计划表（5分） | |
| 3 | 任务准备 | 10分 | 选品专员工作职责表（5分） | |
| | | | 工作准备记录表（5分） | |
| 4 | 任务实施 | 60分 | 直播选品信息表（20分） | |
| | | | 采购计划表（20分） | |
| | | | 直播间销售策略表（20分） | |
| | | 总分 | | |

姓 名 _____
班 级 _____

## 六、评价反馈

表1-23　任务工作过程总评表

| 班级 | | | 姓名 | | |
|---|---|---|---|---|---|
| 互评人 | | | 指导老师 | | |
| 序号 | 评价项目 | 项目内容 | 自评（10%） | 互评（20%） | 培训师评价（70%） |
| 1 | 任务资讯（15分） | 任务按时完成情况（5分） | | | |
| | | 任务质量和准确性（5分） | | | |
| | | 小组成员合作面貌（5分） | | | |
| 2 | 制订计划（15分） | 任务按时完成情况（5分） | | | |
| | | 任务质量和准确性（10分） | | | |
| 3 | 任务准备（10分） | 任务按时完成情况（10分） | | | |
| 4 | 任务实施（50分） | 任务按时完成情况（15分） | | | |
| | | 任务质量和准确性（15分） | | | |
| | | 团队协作和沟通（10分） | | | |
| | | 创新点（10分） | | | |
| 5 | 技术移交（10分） | 任务按时完成情况（10分） | | | |
| | 总分 | | | | |
| | 合计 | | | | |

# 学习模块二
# 网络直播内容策划

## 学习目标

### 知识目标

1. 掌握确定直播主题的方法;
2. 熟悉常见的直播方式;
3. 熟悉 FAB 法则,掌握提炼商品卖点的方法;
4. 掌握单品直播脚本和整场直播脚本的撰写方法;
5. 熟悉主播人设的作用和分类,掌握主播人设打造的步骤。

### 能力目标

1. 能够策划直播主题,选定合适的直播时间,并设计直播互动方案;
2. 运用 FAB 法则等方法提炼商品卖点,能够设计直播流程与各环节的时间;
3. 能够根据实际情况设计整场直播脚本;
4. 能够根据整场直播脚本合理设计单品直播脚本;
5. 能够根据自身优势和用户需求打造主播人设,根据产品特征和用户定位确定主播的服饰和妆容。

### 素质目标

1. 培养全局意识,提高控场能力,制订合理的直播策划方案;
2. 提高文案策划能力,设计合理高效的直播脚本;
3. 培养时间管理能力,能在规定时间内完成规定的内容,提高工作效率;
4. 培养审美意识,提高审美能力;
5. 培养创新意识,提高创新能力。

## 一、明确直播主题

### （一）明确直播主题的作用

设计直播脚本的第一个核心要素就是明确直播主题，直播主题必须与目标用户的兴趣和需求相符，才能增加他们的参与度和观看时长。明确直播的主题是为了确保直播的内容方向不偏离，主播在确定好主题之后，就要始终紧扣主题进行直播的内容分享。

### （二）确定直播主题的方法

微课 2-1：
确定直播
主题

#### 1. 明确直播目的

要想确定好直播的主题，首先就应清楚地知道自己为什么要直播，是为了扩大销售还是为了扩大影响力、提升知名度。如果是为了扩大销售，直播的主题就要以产品为主，可以通过展示产品特点、演示使用方法或提供专业的产品解说来吸引潜在用户，或者以优惠促销为噱头，吸引用户下单购买；如果目标是扩大影响力和提升知名度，直播的主题应该与自身或品牌的专业领域相关，可以选择分享个人或团队的专业知识、经验和见解，成为用户们可以信赖和依赖的资源。分享有价值的内容能够吸引更多用户，并在业界树立良好的口碑和形象。

企业和品牌商可以参考"SMART 原则"来制订直播营销目标，尽量让营销目标科学化、明确化、规范化。

（1）具体性（Specific）。具体性是指企业或品牌商在设定直播营销目标时，要尽可能明确、具体地描述其所要达到的结果，不能笼统、不清晰。例如，"通过此次直播活动吸引 1 000 个新关注者"就是较为具体的直播目标。

（2）可衡量性（Measurable）。可衡量性是指在制订营销目标时，需要将其表达为具体的数量或行为，这样的目标更容易被评估和量化，有助于监控营销活动的效果和实现情况。例如，"通过此次直播营销活动至少提高店铺 10% 的日销售额"就是可量化的直播目标。

（3）可实现性（Attainable）。可实现性是指所设定的目标要具备客观性，也就是说，这些目标必须是基于现实背景和条件，确保能够通过付出努力来完成。在制订可实现性目标的过程中必须考虑到现实的限制因素，如时间、资源、技能和环境等。

## 学习模块二　网络直播内容策划

（4）相关性（Relevant）。相关性是指直播营销的目标必须与企业品牌商设定的其他营销目标保持紧密关联。当直播活动与品牌的其他营销策略相互呼应时，将为企业带来巨大的商机和市场竞争优势。

（5）时限性（Time-bound）。时限性是指目标的达成要有时间限制。如果一个目标没有明确的时间限制，很难被有效地计划和执行，也容易导致拖延和浪费时间。例如，"直播结束后24小时内新品销量突破1万件"就是明确的时间限制。

### 2. 迎合用户需求

用户的需求是决定直播主题的关键因素之一。了解用户需求并根据其反馈来确定直播主题是非常重要的。我们需要通过市场调研和用户反馈来获取对用户需求的准确了解，可以通过在线问卷调查、焦点小组讨论或直接与用户进行交流来实现，也可以通过观察当前的流行趋势，以及社交媒体上的热门话题来实现。

### 3. 抓住时事热点

时事热点是指当前社会上引起广泛关注和讨论的事件、话题或新闻，这些话题往往能够引起用户的共鸣和讨论，是吸引用户注意力的利器。利用时事热点作为直播的主题，不仅能够吸引用户关注，还能增加直播的话题性和互动性。主播可以探讨热点事件的影响和意义，提供专业的解读和观点，这样不仅能够提高曝光度，还可以展示主播的专业素养和深度思考能力。

## 二、常见的直播方式

### （一）按直播设备不同分类

#### 1. 摄像机直播

摄像机直播使用专业的摄像机及视频编码器，能够保证较高的画面质量，拍摄也更稳定，多用于大型活动、商务性较强的企业峰会、新闻发布会等。

#### 2. 电脑直播

电脑直播可以通过电脑自带或外接的摄像头进行直播画面显示，同时捕捉幻灯片（PPT）画面，观众既能看到主播本人，又能看到主播电脑分享的PPT文件。电脑直播经常用于教育、培训等。

#### 3. 手机直播

手机自带拍摄功能，只需下载直播软件就可以进行直播。作为直播设备，手机性价比高又方便携带、操作简单。因此，手机直播已经越来越深入人心，尤其在带有一些文娱性质的活动中，手机直播时常成为一道靓丽的风景线。

微课2-2：
直播内容
的表现
形式

### （二）按主播是否出镜分类

#### 1. 真人直播

真人直播是指主播本人的面貌出现在直播画面中，与观众进行互动。这种形式适合那些活泼开朗、不怯场的人，能够通过自身魅力和表现力吸引观众。

#### 2. 半无人直播

半无人直播是指主播的部分身体（如手、脚等）出现在直播中，但不露脸。这种形式适合那些不喜欢露脸或害羞的人，既能够保持一定的隐私，同时仍能进行产品展示和推广。

#### 3. 无人直播

无人直播是指直播画面中不出现真人。主播可以提前录制好视频内容，通过循环播放进行直播。这种形式避免了直播中可能出现的意外情况，使直播更加稳定和可控。

大家已经对真人主播的直播习以为常，然而，现在又出现了一种引人注目的无人直播方式——"数字人"直播。"数字人"直播中的"主播"并不是真人，而是通过虚拟形象创造出的数字化角色。得益于人工智能、计算机图形学和语音合成等技术的融合应用，这些虚拟主播拥有逼真的外貌、动作和声音。

### （三）按主播类型不同分类

#### 1. 个人直播

个人直播即直播时全程由个人进行操作的直播。进行个人直播的主播需要自行申报纳税，对于刚进入直播带货行业的新人来说，选择个人直播的方式进行带货，在流量和粉丝积累上有一定的难度。

#### 2. MCN 机构直播

MCN（Multi-Channel Network）机构直播主要依靠机构，选择机构直播的优势在于主播具有稳定的收入；在直播流量上，机构有一定的流量扶持；直播的基础设备由机构提供。此外，机构还会有计划地培养主播，并安排经纪人解决主播在直播中遇到的问题。但是，新人主播在选择签约 MCN 机构时需要自己仔细甄别所选择的机构，特别是签合同时一定要谨慎对待，防止被欺骗。

MCN 机构与中介公司类似，国内的 MCN 机构主要有五大类，包括内容生产型、内容运营型、广告营销型、知识付费型和电商内容型，各类型运营所涉及的重点都不同，如图 2-1 所示。

## 学习模块二　网络直播内容策划

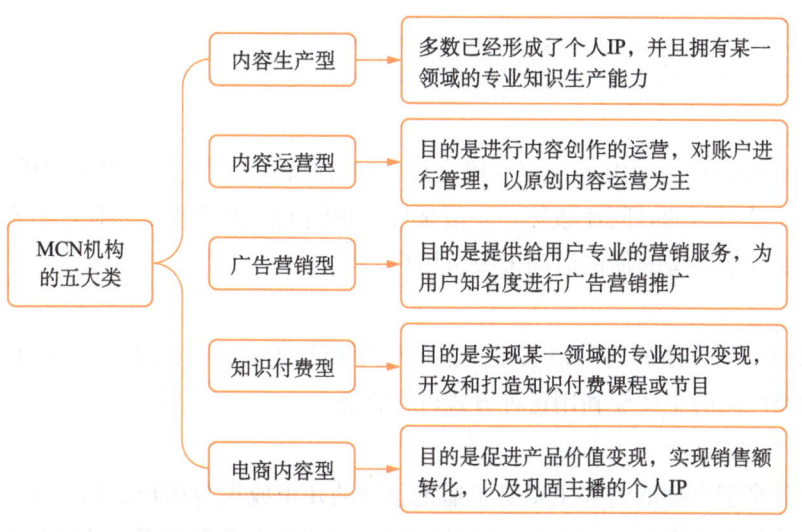

图 2-1　MCN 机构分类

### 3. 团队直播

一个个人 IP 的产生，需要一个团队共同的努力。对于新人主播来说，选择团队直播，借助团队的力量，可以为其人设的定位与打造，以及以后的直播运营工作带来很多便利。团队直播的方式常见于电商类直播，如果想要搭建直播团队，在成员选择上，主播需要注意团队成员之间的分工协作。以电商直播为例，电商直播团队的分工可以划分为四种，即直播策划、直播场控、直播运营和直播副播，并且这四种分工又有不同的职责，如图 2-2 所示。

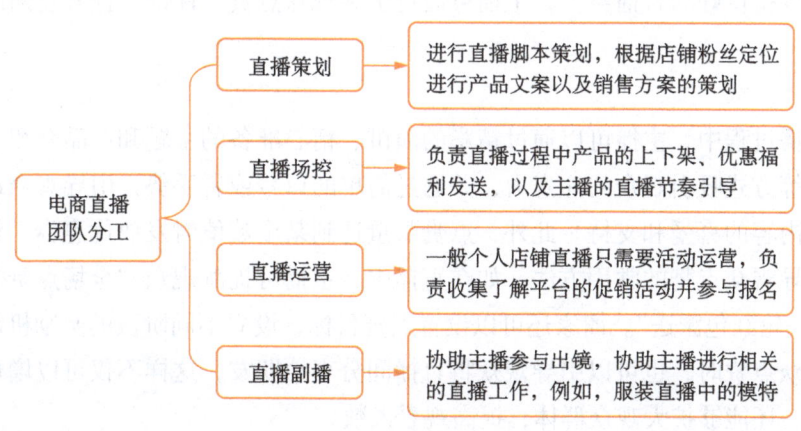

图 2-2　电商直播团队分工

## （四）按直播内容不同分类

### 1. 单纯卖货型

单纯卖货型直播的内容比较简单直接，在直播的过程中没有很多娱乐性的内容，主播讲解一件产品的时间比较短。一般来说，单纯卖货型直播的主播经常在直播间内以秒杀以及其他类型的促销活动来吸引用户。

### 2. 场景引入型

场景引入型直播的内容以展示产品的使用场景为主。一般来说，销售健身器材、家居百货类产品的主播会利用这种方式进行直播。

### 3. 知识分享型

知识分享型直播的内容主要是主播把总结的知识成果与用户共同分享，达到引导用户下单的目的。例如，销售美妆以及护肤类产品的主播会与用户分享化妆或者护肤小知识，通过"种草"的方式向用户推荐产品。

### 4. 供应链型

供应链型直播的内容以展示产品的生产产地以及生产工艺为主。销售水果、水产以及其他食品类产品的主播通常会采用这种方式进行直播。

## 三、直播互动玩法

### （一）引导点赞、评论

为了维持良好的直播氛围，主播可通过引导观众点赞、评论，提升直播的互动性和吸引力。

#### 1. 引导点赞

在直播过程中，主播可以通过精彩的演讲、精心准备的主题和产品介绍、有趣的互动环节等方式吸引观众的注意力，并通过简单的口号或者手势，引导观众通过点赞来表达对内容的喜爱和支持。此外，点赞数量达到某个数值时发放优惠券、红包等福利也是引导观众点赞的常用方法。如在直播中，主播可提醒观众"全场点赞数量达到5万开启一轮红包派送"。商家还可以设置点赞目标，设立不同阶段的奖励机制。主播在引导观众点赞时，也可以引导观众将直播间分享给朋友，这样不仅可以增加直播间的曝光度，还能够扩大观众群体，提高观看人数。

#### 2. 引导评论

主播可以通过解答观众的问题或者回复他们的评论来主动与观众互动。主播可以采用多种方式引导观众参与评论。

（1）提问。主播在引出商品前提出问题、形成话题，让观众参与话题讨论。可以是关于商品的特点、功能或使用方式的疑问，也可以是与观众相关的话题，使得观众更容易产生共鸣，进而参与讨论。

（2）聊天。主播与观众之间通过聊家常、聊生活琐事等方式进行交流。这种沟通方式不仅仅是简单的产品宣传或推销，更是一种建立亲密关系的方式。

（3）玩小游戏。主播可以在直播间与观众玩小游戏，如猜谜语、脑筋急转弯、你画我猜等，新颖有趣的游戏，不仅能够增加观众对主播的好感度，同时，大家在游戏的过程中相互交流，分享思路，也能够促进观众之间的交流和互动。

（4）商品知识问答。观众可以随时提出问题并得到即时解答，这种实时互动不仅增加了观看直播的趣味性，还会让观众感受到被关注和重视，提高了观众的参与度和对产品的信任度。同时，通过这种实时互动问答，观众可以获得更加个性化、有针对性的咨询，进一步加深对商品的认知和了解。

## （二）限时、限量秒杀

限时、限量秒杀是大多数直播间常用的方法，一般适用于性价比高的商品。主播设置限时秒杀或限量秒杀，在极短的时间内让用户去拍，在限时特惠的时间段内营造出商品的稀缺性和购买的紧迫感，用户往往会因为商品数量有限而加快决策速度，他们觉得自己能够抓住这个难得的机会，以较低的价格购买到喜欢的商品。这种心理上的满足感会进一步强化他们对商品的购买意愿。

## （三）红包

红包作为快速"吸粉"、增加粉丝黏性、提高粉丝停留时间的一种有效的工具，可以由主播随机发放，也可以在后台里设置发放。主播要清楚地知道为什么要发红包——是为了增加直播间粉丝的点赞量，还是为了增加粉丝在直播间的停留时间？如果是前者，可以在点赞超过1万时发一次红包，因为粉丝在直播间进行互动评论和点赞可以在一定程度上提高直播间的整体权重，间接提升直播间的访问量和出单量。如果是后者，可以定时发红包，如在介绍完一两件商品后发一波红包，以提升直播间的氛围。

## （四）优惠券

与红包不同，优惠券可以直接减免商品单价，降低粉丝的支付金额，是主播提高转化率的一种手段。一般设置为直播间专用，只有主播告知领取方式才可以领取优惠券。采用这种方式可以让粉丝养成想要优惠券就来直播间的习惯。

## （五）抽奖

抽奖也是直播间常用的活跃气氛的方式。当粉丝互动低于某种程度或者直播间气氛低落时，组织一波抽奖可以马上提升直播间的粉丝活跃度，如可以在直播开始时和播完一两件热销单品后抽奖。抽奖方式一般可分为两种：一种是实物抽奖，通过在直播间让粉丝刷屏互动，随机截屏选中中奖人；另一种是使用平台自带的抽奖功能进行抽奖，弹屏发放。

## 四、直播脚本的含义与作用

直播脚本是指使用特定的描述性语言，针对特定的某一场直播编写的规划方案，用以保证直播有序且高效地开展，并能达到预期的目标。直播脚本是在直播过程中参考的基础素材，也是把控直播节奏、规范直播流程、达到直播预期目标的关键。

直播脚本的作用包括规范直播流程、把握直播节奏、掌握直播主动权、减少突发状况、明确商品规划、便于复盘总结。

微课 2-3：整场直播脚本设计

## 五、整场直播脚本设计

整场直播脚本就是编写整场直播的脚本，是对整场直播的详细规划，用以规范整场直播流程与内容。在直播过程中，最重要的就是对直播流程进行规划和安排，重点是带货逻辑和互动活动方案的编写以及直播节奏的把控。整场直播脚本的核心要素有基本信息、直播主题、直播目标、商品规划、互动玩法、直播人员工作安排、直播流程安排等要素。

### （一）基本信息

直播基本信息需要明确直播的时间、地点、主播等内容。

### （二）直播主题

直播主题可以根据店铺定位、用户需求、节日话题、平台大促，以及直播产品和品牌等元素来确定。

### （三）直播目标

在企业直播营销总体目标下，直播团队可根据"SMART 原则"针对本场直播确定直播目标。确定的目标要可量化、可实施，能起到激励团队、衡量工作的作用。

### （四）商品规划

有了直播主题之后，就要确定这场直播要上架什么产品，以及哪些产品是主推、哪些是次推、哪些是爆款、哪些是粉丝专享款、哪些是福利款、哪些是剧透款等。直播团队可以根据产品的重要程度设计合适的互动环节和优惠力度。

### （五）互动玩法

互动玩法也是直播脚本中非常重要的部分。互动的形式有很多，如抽奖福利、话题投票、嘉宾做客、热点分享、才艺展示、连麦和小游戏等。

### （六）直播人员工作安排

为确保一场直播活动的顺利进行，直播团队的成员需要明确自己的分工，彼此配合。所以，在整场直播脚本中需要具体标注出什么时间谁需要完成什么工作。

### （七）直播流程安排

一场完整的直播包含开场互动、整场产品的预告、产品介绍、滞销产品返场、下场预告等环节，每一环节需要详细到时间节点、目的、互动方式等内容。

## 六、单品直播脚本设计

单品直播脚本的实质就是只介绍一种商品，它主要是围绕商品来写的，其核心内容以产品卖点为主。主播卖货的话术逻辑也是推销话术逻辑，是"激发购买欲""消除顾虑""展示权益"，分别对应了脚本中的"场景描述""细节背书"以及"权益展示"，所以，脚本中要重点体现这三方面的内容。

微课2-4：单品直播脚本设计

### （一）场景描述、激发兴趣

激发购买欲非常重要，是排在第一位的。所以，直播的最开始一定要让用户产生"想买"的冲动。让用户产生购买欲的最好的方法就是营造一个场景，让其产生共鸣，让他觉得自己也遇到过这样的情境，需要用这个商品解决问题。那么，怎样策划出这样一个场景呢？以下有两个比较具体的方法。

#### 1. 联想法

联想用户一天中的24小时，在这24小时之内，在什么时间段，会发生哪些和商品相关联的场景，这类场景会具体产生哪些"痛点""痒点"及"爽点"。

#### 2. 提炼法

借助商品的用户评价、相关的测评文章、相关的分享内容，从这些信息中提炼出典型的案例和场景。

### （二）细节背书、互动解答

细节背书主要分为两部分内容：①把商品的细节卖点列出来，方便主播梳理信息；②列举出用户可能会产生顾虑的地方，并设计合理的话术，配合现场演示、品牌背书等方式打消用户的顾虑。

### （三）权益展示、引导消费

权益展示是促成交易的最后一步，通过展示当前商品的优惠信息，指明用户能获得的福利，从而促成交易。脚本中要尽可能列举清楚价格差异、优惠券和福利等权益信息。主播在展示产品时，必须要以用户的需求为出发点，重点讲解产品核心卖点。具体来说，主播在展示产品时，可以从分享品牌故事、详细分析产品成分、如实讲解产品功效、多方面讲解产品知识、讲解产品的使用感受五个方面入手。

## 七、主播人设

微课2-5：主播人设的类型

### （一）主播人设

人设是一种标签，要想快速被大众认识，最好的方式就是给自己"贴标签"。明星要立人设，主播更要立人设，常见的主播人设类型主要有以下四种。

#### 1. 导购促销类

导购促销类主播亲和力强，擅长沟通，对产品特性有深入了解，能够快速匹配用户需求。比如，有着多年化妆品线下柜台销售经验的主播，在用户提出购买化妆品的需求后，可以快速从价格、品牌、肤质等多个角度向用户提供专业的购买建议。导购促销类人设最大的价值在于帮助用户缩短消费决策时间，信任形成后，让用户可以跟随主播推荐下单，形成强大的带货力。导购促销类人设的主播必须了解广品的功能、参数、材质、效果、原理、使用场景、设计理念、使用方式等相关信息，懂得产品的卖点和用户的消费心理。

#### 2. 技能专家类

技能专家类人设最重要的作用就是产品背书和用户赋能，专家身份让产品更可

## 学习模块二　网络直播内容策划

信,专业技能让用户更受益。比如,售卖蜂蜜等保健食品,营养师主播可以详细介绍产品的营养成分和保健成效;售卖面膜等护肤类商品,美容师主播可以传授用户护肤技巧。技能专家类主播必须通过持续的专业知识分享来打造自身的专家形象。

### 3. 老板/店长类

老板/店长类人设的特点是主播在直播间必须是非常具有话语权的,用户的问题可以直接得到解答,包括免单、降价等优惠福利也可以直接提供给用户。老板/店长类人设的局限在于老板需要亲自上阵或给予直播间主播充分授权,否则人设很难立起来。同时,主播需要拿捏好亲近感和权威感,否则可能会对品牌本身形象造成伤害。以董明珠直播卖货为例,董明珠本身作为企业的负责人出现,会让用户对直播间产品感到更加放心。老板/店长类主播带货技巧包括分享品牌故事和理念,提供独家优惠和特权,快速响应用户反馈和需求,等等。

### 4. 明星网红类

明星网红拥有大量粉丝基础,个人魅力强,能够借助个人影响力推广产品。明星网红类人设最重要的就是通过娱乐、才艺、颜值、幽默等风格,吸引忠实的粉丝,进而与商品产生联系,形成流量转化。要打造明星网红类人设,主播必须既有知识又有幽默感,既能对产品如数家珍,又有自己独特的消费主张。明星网红类主播带货技巧包括利用个人故事和经历增加产品情感价值,与粉丝互动,增强粉丝归属感,通过跨界合作扩大带货品类。

## （二）主播人设选择

直播团队策划主播的人设时,可以根据直播间主要销售商品的品类或直播间主要用户群的消费偏好,选择合适的人设。也可以根据主播个人的特点,如年龄、形象风格、语言风格等特点,为其策划合适的角色。

## （三）主播人设定位

主播人设定位可以从六个方面去考虑,见表2-1。

表2-1　主播人设定位表

| 人设定位 | 说明 |
| --- | --- |
| 我是谁 | 确定身份,如发起人、创始人、传播者、联合创始人等;确定形象,使形象统一,增加可识别性;直播间的名字要与主题呼应,信息明确 |
| 面对谁 | 用户群体的地域、年龄、性格、偏好、收入状况、消费能力 |

(续表)

| 人设定位 | 说明 |
|---|---|
| 我提供什么商品或服务 | 突出自己的核心竞争力,如推荐的商品质优价廉 |
| 什么平台 | 电商类,如淘宝、京东、拼多多等;短视频类,如抖音、快手等;线下类,如供应链基地、实体店等 |
| 能够解决用户什么问题 | 解决用户痛点需求;提供品质好货 |
| 给用户带来什么好处 | 如帮助用户变美、帮助用户保持身体健康等 |

例如,围绕用户对美妆产品的核心诉求——追求美,塑造一个"接地气"、擅长让自己变美,全心全意为用户寻找更适合她们的美妆产品的主播人设。这一人设定位要传达给用户的理念是"爱自己,就要自己好看",直播间的口号是"寻找最美的你"。

### (四)差异化主播人设打造

#### 1. 提炼"闪光点"

提炼"闪光点"即挖掘主播个人的核心优势。具体可以从主播的外观、性格、特长等方面入手,也可以从学习历程、工作经验、生活经历、独特技能、个人荣誉等方面找出主播与其他主播的不同之处。不管从哪里找,关键是要找到一处能够让人记住的"闪光点"。

#### 2. 添加"反差"属性

确定"闪光点"后,直播团队就可以再依据"闪光点"为主播添加一个"反差"属性。在不违背主流观念的情况下,为主播添加一个与众不同的属性,有助于提高主播"人设"的独特性和记忆点。

#### 3. 设计有辨识度的言行举止

确定主播的独特属性后,直播团队就可以根据要表达的独特之处为主播策划和设计一些有辨识度的行为和语言,以打造其独具个性的人设。

#### 4. 设计一个有趣易记的名字

直播团队可以为主播设计一个有趣、易记的名字。设计名字时建议遵循五个原则:贴合人设、朗朗上口、用词简洁、寓意美好、无生僻字。此外,还要注意名字的发音。看看名字有没有谐音,谐音的寓意如何,发音听起来是不是有力量。确定名字之后,不要轻易修改。

### （五）多渠道渲染人设

直播带货前，主播要通过多个渠道全面渲染人设，积累一定数量的基础粉丝，这样有助于主播快速完成直播的启动工作。主播可以在各大社交平台主动渲染人设，如在微信公众号、微博、抖音、快手、视频号等平台上发布视频文案内容，吸引平台用户的广泛关注。

## 八、主播镜头形象包装

主播镜头形象包装主要包括主播的外在形象包装和语言包装。主播的素养在一定程度上也会影响主播的外在形象，因此，主播的素养也是要注意的内容。

### （一）外在形象包装

主播外在形象包装主要体现在仪容、形体和服饰三个方面。

#### 1. 仪容

发型和颜色要搭配脸型和肤色，阳光活泼、落落大方最佳。因此，在化妆时切勿追求浓妆艳抹，切勿过度化妆，需要掌握一定的化妆技巧。

（1）定妆。首次开播前，先给自己定妆，选择一个适合自己性格和肤色的妆容，避免出现搭配不当的情况。

（2）化妆。化妆是每一个主播开播前必需的准备，化直播妆与生活妆不同，要对鼻侧影、两颊、眼睛重点修饰。

（3）粉底选择。粉底的颜色不要太亮，贴近肤色即可。比较白的主播可以不打粉底。上妆时应用干粉轻压，避免油光。

（4）眉毛修饰。不要画一字眉，眉毛的颜色应比发色浅一号。

（5）眼睛修饰。新手不要选择眼线液笔，眼影颜色选择深色，可以佩戴假睫毛。

（6）面部修饰。腮红、唇膏要选择同一色系，不要跳脱。

（7）阴影高光。根据脸形修饰鼻梁、眼窝、颧骨等部位，让整体看起来更立体。

#### 2. 形体

（1）跟随音乐节奏，身体轻轻摇晃，多摆姿势，用眼神和肢体语言与镜头交流。

（2）身体坐直，不要大幅度摇摆，尽量不要靠在椅子上。

（3）左顾右盼、玩手机、剪指甲、吃东西、抽烟喝酒不仅会让自己形象受损，流失粉丝，而且还会给公众带来负面影响。良好的职业素养、友善的形象、真诚的感情才是留住粉丝的法宝。

### 3. 服饰

（1）颜色选择。选择鲜亮的暖色调，不要穿白灰色调，拼接、撞色，与背景颜色接近的颜色。

（2）款式选择。紧身、修身为佳，突出自己的身材优势，不要穿宽松肥大的衣服。

（3）风格选择。不必追求高价，也不必追求华丽，上半身正面好看即可，要搭配自己的妆容、直播风格、直播主题选择服饰。

## （二）语言技巧

说话要让观众感觉到舒服，有亲和力。不能口齿不清，也不能毫无感情，让观众昏昏欲睡。日常需要经常练习基本功，只有这样日复一日地练习，才能在面对镜头时很好地表达自己。

主播算是一个体力活，每天至少要直播 8 小时以上，对嘴部的要求非常高。介绍几种唇舌发声技巧。

（1）放松口腔。每日放松下巴 30 次。

（2）练习换气。每日练习"嘿""哈""呵""耶""嚯"，各 30 次。

（3）唇操。每日练习噘唇、转唇、合唇、左右撇唇各 3 次。

（4）舌操。每日练习顶腮、刮舌、转舌、弹舌各 10 次。

## （三）主播素养提升

口齿伶俐是主播的必要条件，其他外在的基本素养也是必须要提升的。

### 1. 心态

直播过程中难免会听到看到一些难听的话，主播要保持平和心态，千万不要影响情绪，也不要和用户纠缠。

### 2. 亲和力

直播中绝大部分观众都是陌生人，你不认识我，我不认识你，在这种情况下的第一印象很重要。如果直播中主播一脸阴沉、爱搭不理的，用户肯定不会买账；相反，如果主播本身就表现出一定的亲和力，那么不认识主播的用户也会想要靠近，去和主播互动。不管最终这些用户是否在直播间下单，至少炒热了直播间的氛围，主播自然而然也就越播越轻松了。

### 3. 学习能力

作为某一个垂直品类或者领域的主播，一定要把相关的知识学透彻；要关注其他主播是怎样直播的，也要学习其他领域知识内容。这样在直播过程中才能够做到有的放矢。

## 学习模块二　网络直播内容策划

#### 4. 外表装扮

虽然不要求每个主播都是帅哥美女，但是最基本的外表还是要注意的。主播的着装要合适得体，妆容要整洁大方，针对不同用户可以适当调整着装和妆容风格。

### 学习情境

双福福城商贸有限公司计划开展双十一狂欢直播活动，在完成选品之后，还需要进行一系列的策划准备工作确保直播的顺利开展。

首先，要确定直播主题。主题是直播的核心，直接影响着直播的吸引力和用户参与度。其次，要设计合理的直播方案，确定直播目标、直播形式、直播时间、直播平台、人员分工、互动环节等，将抽象的营销思路具体化。最后，还要制订详细的整场直播脚本和单品直播脚本，匹配主播并对主播形象进行设计，让参与直播的人员都熟悉直播活动的流程和分工，确保直播过程有条不紊地推进，达到预期的直播效果。

借阅或上网查询有关的资料，完成以下任务：

（1）认真分析任务书，完成任务分析表；
（2）制订工作计划，填写工作流程表、任务计划表；
（3）根据情境资料，确定直播主题，并设计直播方案；
（4）根据直播主题，设置互动方案；
（5）梳理整场直播活动的规划和安排，设计整场直播脚本；
（6）提炼直播商品的卖点，设计单品直播脚本；
（7）匹配主播，构建主播人设，设计主播形象。

## 一、任务资讯

### （一）企业工单

企业工单见表 2-2。

**表 2-2　网络直播内容策划企业工单**

订单编号：ZB2023120002

| 工作任务 | 网络直播内容策划 | | | |
|---|---|---|---|---|
| 派单企业 | 双福福城商贸有限公司 | | 截止日期 | |
| 接单人 | | | 负责导师 | |
| 工单描述 | 本工单依据电商直播企业的典型工作任务指定开发，主要面向直播运营岗位，培养运营专员的直播策划能力，助其提升专业技能，积累实操经验 | | | |
| 企业目标 | OKR 即目标与关键成果，是一种企业管理方式，以过程性考核为核心，关键结果"可量化、可追踪" | | | |
| | 目标（Objective） | O：为双十一购物狂欢节直播活动制订方案 | | |
| | 关键成果<br>（Key Result） | KR1：制订直播策划方案 | | |
| | | KR2：设计整场直播脚本 | | |
| | | KR3：设计单品直播脚本 | | |
| 工作职责 | 1. 根据目前用户的兴趣、当前热点话题、品牌定位等确定直播主题；<br>2. 设计直播方案，明确直播目标、直播形式、直播时间、直播平台、人员分工、互动环节等；<br>3. 梳理整场直播活动的环节和流程，设计整场直播脚本；<br>4. 提炼产品卖点，设计单品直播脚本 | | | |
| 工作内容 | 1. 制订直播策划方案；<br>2. 设计整场直播脚本；<br>3. 设计单品直播脚本；<br>4. 匹配主播与形象设计 | | | |
| 接单时间 | | 任务完成时间 | 部门 | |

### （二）任务分析表

任务分析表见表 2-3。

## 学习模块二 网络直播内容策划

姓 名
班 级

表 2-3 网络直播内容策划任务分析表

| 编写人员 | | 日期 | |
|---|---|---|---|
| 学习任务 | 任务简介 | | |
| 确定直播主题 | 了解目标用户群体的特点和偏好，根据目标用户购物需求和偏好、直播产品的特性、时下热点等确定合适的直播主题，以吸引和保留用户，并提供有价值的内容。本次直播主题已确定为"双十一狂欢"粉丝福利活动，感恩粉丝长久以来对公司的支持和厚爱 | | |
| 制订直播方案 | 制订直播方案包括规划直播内容、安排直播时间和确定直播平台等，确保直播过程顺利有效。直播方案可以帮助实现直播的目标，如增加品牌曝光、扩大用户群体、增加销售量等，提高直播的专业性和效果，为品牌和企业带来更大的影响力和收益。同时，制订直播方案可以避免直播过程中的困惑和失误，提前准备资源和设备，确保直播的质量和效果 | | |
| 设计整场直播脚本 | 制订整场直播的详细流程，包括开场白、互动环节、产品介绍、结尾等，合理安排各环节的内容、形式、时间和人员分工，确保直播的完整性和连贯性，并帮助主播有条不紊地引导内容、控制时间和互动交流，提高用户的关注度和参与度，从而达到更好的传播效果和用户体验感 | | |
| 设计单品直播脚本 | | | |
| 匹配主播与形象设计 | 1. 根据商品特征和用户画像，选择合适的主播；<br>2. 根据主播带货数据判断主播是否适合该商品的目标用户；<br>3. 根据主播的用户画像和主播带货数据，考察转化率和主播的互动能力，择优选择主播；<br>4. 根据主播特征，结合商品特点和用户画像，为主播设计形象 | | |

## 二、制订计划

### （一）工作流程表

认真阅读工作任务书，梳理任务内容，理解工作任务要求，制订工作流程，填写工作流程表（表 2-4）。

表 2-4 工作流程表

| 工作流程 | 具体操作要求 |
|---|---|
| 确定直播方案 | 直播目标：明确直播活动达到的目标。直播目标应符合"SMART"原则 |

（续表）

| 工作流程 | 具体操作要求 |
| --- | --- |
| 确定直播方案 | 直播形式：选择合适的直播形式 |
|  | 流程与分工：确定直播主要的流程，选择主播并明确其他人员分工 |
|  | 媒体平台：根据平台特点及目标观众的特性，选择合适的直播平台 |
|  | 时间和频率：确定直播的时间和频率。根据平台流量分布、观众的时间习惯和目标需求，选择直播合适的日期、时间段和频次 |
|  | 技术设备：确定所需的技术设备和软件，如摄像头、麦克风、录制软件等 |
|  | 直播宣传：选择合适的宣传渠道，制订宣传计划和内容，实施并进行跟踪评估 |
|  | 直播预算：确定直播预算 |
| 设计整场直播脚本 | 准备阶段：明确直播的主题和目的。主题可以根据直播内容、话题或活动来确定，目的可以是传达信息、分享知识、推广产品或服务等。在确定主题和目的后，可以开始收集和整理相关资料，包括文字、图片、视频等素材，以供后续使用 |
|  | 构建阶段：将收集到的素材进行整合和编排，组织成一个完整的脚本框架。脚本框架应该包括开场白、主体内容、互动环节和结尾等部分。开场白部分可以用来吸引观众的注意力；主体内容部分用来呈现主要内容，如进行商品介绍；互动环节则可以增加观众的参与度和互动性；结尾部分用以总结和结束直播，以及预告下次直播 |
|  | 细化阶段：根据脚本框架逐步填充具体的内容。需要确定每个环节的具体内容、表达方式、时间安排、人员分工等细节。在填充内容时，需要考虑观众的背景和需求，选择合适的表达方式和表现手法，使其易于理解和接受 |
| 设计单品直播脚本 | 确定目标：首先明确单品直播的目标，如提升销售量、推广商品特点、增加品牌曝光等 |
|  | 研究产品：详细了解单品的特点、功能、优势以及与其他竞品的差异，为撰写脚本奠定基础 |
|  | 确定各环节的内容、时间与人工：根据目标和产品特点，确定直播形式与内容框架（如讲解产品功能、分享使用心得、展示效果等），并确定各环节的时间安排与人员分工 |
|  | 撰写直播台词：根据主题和框架撰写直播脚本，编写直播各环节的台词、话术，应包括引言、介绍产品特点、展示功能、解答常见问题、强调优势等内容。同时，直播话术要具有逻辑性和感染力，引导观众理解产品并激发购买欲望 |
|  | 增加互动环节：设计互动环节可以增加直播的吸引力和观众的参与度，如回答观众提问、开展抽奖活动等 |
|  | 执行和改进：在直播前进行脚本的排练，确保主播能够流利地演绎脚本。执行过程中，根据观众反馈记录观众的问题和反应，以便在以后的直播中做出改进 |

## 学习模块二　网络直播内容策划

（续表）

| 工作流程 | 具体操作要求 |
|---|---|
| 匹配主播与形象设计 | |

### （二）任务计划表

填写任务计划表（表2-5）。

表2-5　任务计划表

| | 任务名称 | 人员 | 计划完成时间 |
|---|---|---|---|
| 确定直播方案 | 确定直播目标 | | |
| | 确定直播形式 | | |
| | 确定直播流程与分工 | | |
| | 确定直播时间和频率 | | |
| | 确定直播平台 | | |
| | 技术设备要求 | | |
| | 直播预算 | | |
| 设计整场直播脚本 | 直播素材收集 | | |
| | 直播环节梳理 | | |
| | 直播脚本框架构建 | | |
| | 直播脚本内容细化 | | |
| 设计单品直播脚本 | 确定直播目标 | | |
| | 直播内容梳理 | | |
| | 确定直播框架 | | |
| | 撰写直播台词 | | |
| | 设置互动环节 | | |
| 主播匹配与形象设计 | 主播选择 | | |
| | 判断主播带货数据是否符合商品定位 | | |
| | 考察主播带货转化率和互动能力，择优选择主播 | | |
| | 为主播设计形象 | | |

姓 名 _____
班 级 _____

## 三、任务准备

网络查阅直播策划专员的工作职责及能力要求，填写直播策划专员的工作职责表（表2-6）。

表2-6 直播策划专员工作职责表

| 工作岗位 | 直播策划专员 |
|---|---|
| 工作职责 |  |
| 能力要求 |  |

借助网络和相关学习平台，查阅网络直播制订、直播脚本设计等相关知识点，并做好记录，填写工作准备记录表（表2-7）。

表2-7 工作准备记录表

| 序号 | 查阅内容 | 知识点 | 疑点 |
|---|---|---|---|
| 1 |  |  |  |
| 2 |  |  |  |
| 3 |  |  |  |
| 4 |  |  |  |
| 5 |  |  |  |

## 四、任务实施

### （一）制订直播方案

引导问题1：常见的直播主题有_____、_____、_____、品牌专场和公益主题五种类型。

引导问题2：直播主题的确立必须围绕直播营销目标来开展，可以通过_____、_____和营销目标来确定。营销目标的确定应该遵守"SMART"原则，制订的目标应具有_____、_____、_____、_____、_____。

学习模块二　网络直播内容策划

姓　名
班　级

**引导问题 3：常见的直播方式有哪些？该怎样选择合适的直播方式？**

**引导问题 4：如何确定直播的主要流程？**

表 2-8　直播流程及参考话术

| 时间点 | 直播内容 | 参考话术 |
| --- | --- | --- |
| 开场 10 分钟 | 主播介绍此次直播主题，介绍本期商品情况，介绍优惠力度和折扣 | "大家好，我是××，欢迎大家来到×××直播间，本周是我们七夕直播专场，今天我们为大家带来了××款超值商品，详情可以浏览直播间左下方购物袋。直播过程中大家想看哪款随时给主播留言，我会给大家展示商品细节。有喜欢的款我会给大家申请超低直播价！" |
| 介绍 5 分钟 | 主播介绍商品，穿插评论互动 | |
| 催付 5 分钟 | 主播重复强调商品折扣、吸睛点，催促观众下单付款 | 原价比较："这款商品原价都要××，现在为了回馈我们新老用户，直播价只要××！看上这款商品的宝贝真的不要犹豫了，错过就只能原价购买了！这么超值的商品肯定是不愁销量的，主播就再说最后一遍我们就看别的商品了。"<br>强调产品欢迎度："刚刚有一个宝贝留言对这款××感兴趣，如果直播间还有同样感兴趣的宝贝，直播间留言，主播看看人多的话就去给大家申请折扣。"<br>工艺比较："市面上光是这项工艺、这种材质的产品，价格都要到××，现在直播价只要××，主播都不敢相信我们的折扣力度了，在保真的前提下能这个价格到手，宝贝你们还在犹豫吗？"<br>同类比较："这款商品真的是容量越大越划算，大毫升的价格比小毫升算下来还合适！" |

姓 名
班 级

（续表）

| 时间点 | 直播内容 | 参考话术 |
|---|---|---|
| 反复介绍 | 可在介绍两三个商品，或所有商品介绍完毕后，返回重复介绍商品 | "刚才有宝贝留言这款××，主播愿意再次给你详细介绍下这件商品，因为实在是太超值，相当于捡到便宜。刚来直播间的宝贝们也不要着急离开，看一下这款××，因为它值得你的停留。"<br>"主播给大家推荐几款本次最值得购买的产品吧，就是××、××。真的这些就是闭眼入，绝对全网低价。" |
| 结束 | 主播提前半小时预告直播即将结束，催付，预告明天直播，到点口播结束语 | "今天我们的直播马上就要结束了，还有没完成付款的宝宝要及时告诉主播，我们直播的商品的价格仅此一次，错过就没这个价格咯，明天早上11点会有新款，大家记得准时收看直播哦，拜拜啦～" |

引导问题 5：如何确定直播平台？

表 2-9 直播平台及特点分析

| 直播平台 | 淘宝 | 京东 | 拼多多 | 抖音 | 快手 | 小红书 | 微信 |
|---|---|---|---|---|---|---|---|
| 定位差异 | | | | | | | |
| 人群差异 | | | | | | | |
| 转化率 | | | | | | | |
| 客单价 | | | | | | | |
| 推广方式 | | | | | | | |
| 主要带货品类 | | | | | | | |
| 价格区间 | | | | | | | |

学习模块二　网络直播内容策划

姓　名
班　级

引导问题6：不同的主播如何选择合适的时间直播？

_____
_____
_____

根据任务要求填写直播方案表（表2-10）。

**表2-10　直播方案表**

| 直播主题 | |
|---|---|
| 直播目标 | |
| 直播形式 | |
| 直播环节 | |
| 主播选择与人员分工 | |
| 直播平台 | |
| 直播时间 | |
| 技术设备要求 | |
| 直播预算 | |

直播方案实例（表2-11）。

**表2-11　××店直播方案表**

| 直播目的 | 1. 通过主播直接引流观众，推广店铺，主播可以另外选择，也可以是店主自己；<br>2. 重点推荐店铺口碑较好的几款产品，宣传店铺品牌和产品的优势点；<br>3. 直播中，要求主播穿插讲述产品的特殊卖点、高性价比、高质量、优良的售后服务等 |
|---|---|
| 直播方式 | 1. 直播形式：专场直播；<br>2. 直播场次：视商家需求安排；<br>3. 直播时间：商家安排 |
| 直播实施方案 | 1. 预热<br>（1）做好直播预热工作，处理好直播标题和图片。开场秀可以借助热点或才艺，快速吸引人观看，如果是专业主播也可以由主播自行决定如何引流；<br>（2）主播要对直播商品特别是对于材质、款式等信息要熟悉，能熟练口播； |

(续表)

| | |
|---|---|
| 直播实施方案 | （3）设计好互动环节，如游戏互动、点赞发红包（送产品）等，使人气上涨。<br>2. 直播<br>（1）按产品链接介绍商品特性，全方位展示商品的外观、详细介绍商品的特点，核心是让更多的用户进店咨询，商家客服必须及时回复；<br>（2）通过试用（穿）展示具体的商品细节，产品的材质、大小、手感等，将商品卖点和特点融入进去；<br>（3）介绍商品的保养、清洁的知识；<br>（4）和观众积极互动，解答疑问，同时提醒福利，注意根据时长合理设置福利。<br>3. 收尾<br>（1）在时间允许的情况下，将最热播的商品再推一次，此时观看人数已经很高了，这个时候需要主播做最后的商品推广和导流；<br>（2）持续互动，抽压轴大奖；<br>（3）持续"吸粉"，点赞达到一定数量进行才艺表演 |
| 人员分工 | 1. 成熟主播<br>自带团队，只需在直播前进行充分有效沟通即可。<br>2. 店主自播<br>团队成员1：准备道具，布置场地及现场客服；<br>团队成员2：梳理产品特点，准备口播要点及现场客服；<br>团队成员3：准备直播封面（直播主题、直播时间、直播产品名、主播）、测试直播账号及现场准备；<br>团队成员4：场控及现场准备 |
| 时间节点 | 1. 成熟主播<br>2小时内，如点赞数达到30 000（这个需要根据主播的粉丝量来给定）发第一波福利；如点赞数达到60 000（这个需要根据主播的粉丝量来给定）发第二波福利，以此类推，也可由主播自行决定节奏。<br>2. 店主自播<br>1～2小时内，如开播时间0.5小时或关注数量达到100或点赞数达到30 000（这个需要根据主播的粉丝量来给定）发第一波福利（第一轮红包）；如开播时间1小时或关注数量达到300或点赞数达到60 000（这个需要根据主播的粉丝量来给定）发第二波福利（第二轮红包较上轮略多）；如开播时间1.5小时或关注数量达到500或点赞数达到100 000（这个需要根据主播的粉丝量来给定）发第三波福利（如抽两件免费产品）；如开播时间满量或关注数量达到800或点赞数达到150 000（这个需要根据主播的粉丝量来给定）发最终福利（红包＋免费产品＋才艺表演） |
| 经费预算 | 1. 成熟主播<br>（1）免费邮寄样品以便试用或试穿；<br>（2）直播销售金额的20%<br>2. 店主自播<br>（1）设备添置：（如有则不需要添置）直播落地架、麦克风、柔光美颜灯、专业声卡等，约300元；<br>（2）红包：200元，两轮产品共四件（店主自选）；<br>（3）团队人员工资：400元 |

## 学习模块二  网络直播内容策划

引导问题7：直播间互动玩法可以营造良好的直播间氛围，吸引更多的人观看直播，促进转化。比较常见的互动玩法有：_____、_____、_____、_____。除此之外，通过_____、_____等方式，也能增加直播的话题性，提升直播间人气。

表 2-12  互动方案技巧实例

| 玩法类型 | 说明 | 技巧 |
| --- | --- | --- |
| 红包 | 最直接有效的互动方式之一，包括现金红包和口令红包等形式 | 直播间人数较少时，在粉丝群派发红包；人数较多时，在点赞、评论达到一定数量时发红包 |
| 抽奖 | 包括签到抽奖、点赞抽奖、问答抽奖和秒杀抽奖等形式 | 奖品最好是直播间售卖的商品（爆品或新品）；抽奖忌集中抽完，可分散在直播中的各个环节；通过点赞或评论把控抽奖节奏 |
| 连麦 | 与其他主播连麦，互相导粉或通过连线 PK 提升人气 | 多样化的 PK 玩法是关键，激发粉丝点赞、评论或刷礼物 |
| 促销 | 提升直播间销量和活跃气氛的有效方式 | 结合电商大促、节日、时令、热点、限时等设计促销优惠 |
| 名人助播 | 头部主播会邀请网红、达人、明星等进直播间共同宣传 | 与粉丝多互动，满足粉丝心愿，同时结合抽奖、红包、游戏等玩法 |
| 企业领导助播 | 提升人气，增加话题性，给直播背书 | 在直播间待售商品的优惠力度上多做设计，也可以与抽奖、红包等玩法共同使用 |

根据任务要求完成互动方案设计表（表 2-13）。

表 2-13  直播互动方案设计表

| 互动设计 | 互动内容 | 用时估计 | 互动时间段 | 奖品名称 | 发奖说明 | 备注 |
| --- | --- | --- | --- | --- | --- | --- |
|  |  |  |  |  |  |  |
|  |  |  |  |  |  |  |
|  |  |  |  |  |  |  |
|  |  |  |  |  |  |  |

### （二）设计整场直播脚本

引导问题8：整场直播的环节包括哪些？

姓　名 _____
班　级 _____

**引导问题 9：如何构建整场直播脚本的框架？如何确定产品的上架顺序？**

**引导问题 10：需要根据脚本框架逐步填充哪些具体的内容？**

根据任务要求填写整场直播脚本（表 2-14）。

表 2-14　整场直播脚本

| 直播主题 | | | | | |
|---|---|---|---|---|---|
| 直播目标 | | | | | |
| 直播时间 | | | | | |
| 直播地点 | | | | | |
| 主播 | | 场控 | | 运营 | |
| 时间段 | 流程 | | 人员分工 | | 主推商品 |
| | 流程 1： | | | | |
| | 流程 2： | | | | |
| | 流程 3： | | | | |
| | 流程 4： | | | | |

姓　名
班　级

（续表）

| 预热 | | | | | | | | |
|---|---|---|---|---|---|---|---|---|
| 产品讲解 ||||||||||
| 序号 | 产品 | 产品图片 | 话题引入 | 产品卖点 | 日常价 | 直播价 | 核心利益点 | 互动设计 |
| 1 | 名称：<br>品牌：<br>规格： | | | | | | | |
| 2 | 名称：<br>品牌：<br>规格： | | | | | | | |
| 3 | 名称：<br>品牌：<br>规格： | | | | | | | |
| 直播与引导关注 | | | | | | | | |

## （三）设计单品直播脚本

引导问题11：商品的核心卖点如何提炼？

---

**提示**

商品卖点＝产品特点＋带来的体验＋使用场景

表2-15　商品卖点的挖掘方向

| 价格 | 服务 | 质量 |
|---|---|---|
| 稀缺 | 方便 | 实力 |
| 重塑认知 | 情感需求 | 价值共鸣 |

| 姓 名 | |
|---|---|
| 班 级 | |

商品的使用场景应该从人物、目的、要做的事、时间和地点五个方面考虑。

引导问题 12：不同的商品，其展示的形式有何不同？

_____

_____

_____

引导问题 13：不同商品如何引导购买，设计直播话术？

_____

_____

_____

根据任务要求填写单品直播脚本（表 2-16）。

表 2-16 单品直播脚本

| 直播目标 | | |
|---|---|---|
| 讲解时间 | 开始时间： | |
| | 讲解时长： | |
| | 商品链接： | |
| 目标人群 | | |
| 品牌介绍 | | |
| 商品卖点 | 材质 | |
| | 外观 | |
| | 品牌 | |
| | 质量 | |
| | 功能 | |
| | …… | |

学习模块二　网络直播内容策划　　　　姓　名　　　　061
　　　　　　　　　　　　　　　　　　　班　级

（续表）

| 需求引导 | |
|---|---|
| 场景还原 | |
| 商品展示 | |
| 直播间利益点 | |
| 促单话术 | |
| 备注 | |

### （四）主播匹配与形象设计

主播匹配的关键是选择适合商品属性的主播，即"人"和"货"的匹配度。首先需要根据主播的直播数据判断所挑选的主播是否符合商品的目标用户，然后需要了解主播的用户画像和带货数据，考察转化率和互动能力，择优选择主播。

打造主播人设，需要根据主播自身特点进行分析，提炼主播标签，为主播打造合适的人设。

引导问题14：一个优秀的主播需要具备哪些能力？

引导问题15：直播团队打造主播人设时，需要从哪几个方面进行人设定位？

引导问题16：如何打造主播人设？

姓　名
班　级

学习模块二　网络直播内容策划

> **提示**
>
> 打造主播人设包括以下四个步骤。
> 步骤1：主播自身特点分析，如性别、年龄、职业、学历、性格等；
> 步骤2：主播个人优势分析，如专业的育儿知识、熟练的剪辑技能；
> 步骤3：主播角色分析，如育儿专家、健身教练、聊天达人等；
> 步骤4：主播角色对应目标用户选择，如育儿专家的目标用户是年轻的爸爸妈妈们。

引导问题17：如何塑造差异化的主播人设？

引导问题18：如何渲染主播人设？

根据任务要求，结合商品特点和用户画像，考察转化率数据和互动能力，选择合适的主播，填写主播匹配表（表2-17）。

学习模块二　网络直播内容策划

姓　名
班　级

表 2-17　主播匹配表

| 商品特点 | 用户画像 | 匹配主播 |
| --- | --- | --- |
|  |  |  |
|  |  |  |
|  |  |  |

主播是直播的灵魂，主播的镜头形象直接影响到粉丝的数量，好的主播镜头形象能够加深用户印象，增加粉丝数量，对于带货主播来说更容易成单。

引导问题 19：为什么要进行主播镜头形象包装？

> **提示**
>
> 提升个人形象；增加粉丝亲和力；建立专业形象。

引导问题 20：主播镜头形象包装的内容包括哪些？

引导问题 21：如何进行镜头形象包装？

| 姓　名 | |
|---|---|
| 班　级 | |

学习模块二　网络直播内容策划

根据任务要求给主播设计妆容和服饰，填写主播形象设计表（表2-18）。

表2-18　主播形象设计表

| 主播姓名 | |
|---|---|
| 直播商品 | |
| 主播形象设计 | |
| 主播妆容设计 | |
| 主播服饰设计 | |

## 五、技术移交

表2-19　直播内容策划评分表

| 完成人 | | | 培训师 | |
|---|---|---|---|---|
| 任务编号 | 任务内容 | 总分 | 评分要点 | 得分 |
| 1 | 任务资讯 | 10分 | 企业工单（3分） | |
| | | | 任务分析表（7分） | |
| 2 | 制订计划 | 10分 | 工作流程表（5分） | |
| | | | 任务计划表（5分） | |
| 3 | 任务准备 | 10分 | 策划专员工作职责表（5分） | |
| | | | 工作准备记录表（5分） | |
| 4 | 任务实施 | 70分 | 制订直播方案（15分） | |
| | | | 设计整场直播脚本（20分） | |
| | | | 设计单品直播脚本（20分） | |
| | | | 主播匹配与形象设计（15分） | |
| 总分 | | | | |

## 六、评价反馈

表 2-20　任务工作过程总评表

| 班级 | | 姓名 | | | |
|---|---|---|---|---|---|
| 互评人 | | 指导老师 | | | |
| 序号 | 评价项目 | 项目内容 | 自评（10%） | 互评（20%） | 培训师评价（70%） |
| 1 | 任务资讯（15分） | 任务按时完成情况（5分） | | | |
| | | 任务质量和准确性（5分） | | | |
| | | 小组成员合作面貌（5分） | | | |
| 2 | 制订计划（15分） | 任务按时完成情况（5分） | | | |
| | | 任务质量和准确性（10分） | | | |
| 3 | 任务准备（10分） | 任务按时完成情况（10分） | | | |
| 4 | 任务实施（50分） | 任务按时完成情况（15分） | | | |
| | | 任务质量和准确性（15分） | | | |
| | | 团队协作和沟通（10分） | | | |
| | | 创新点（10分） | | | |
| 5 | 技术移交（10分） | 任务按时完成情况（10分） | | | |
| | | 总分 | | | |
| | | 合计 | | | |

# 学习模块三
# 网络直播推广策划

## 学习目标

### 知识目标
1. 掌握制订直播推广方案的流程;
2. 熟悉直播引流获客的方法和渠道;
3. 熟悉短视频制作的方法和短视频推广的渠道;
4. 熟悉直播二次传播的方式和渠道;
5. 掌握常见的广告计费方式。

### 能力目标
1. 能够根据直播推广需求,制订合理的直播推广策略;
2. 能够设计直播引流方案,在各大平台上进行引流获客;
3. 能够撰写短视频脚本、制作短视频,并进行付费推广;
4. 能够设计直播二次传播需要的素材,选择合适的渠道进行二次传播;
5. 能够根据直播推广策略,选择图文推广或短视频推广,完成直播推广,提升曝光量、点击量、点击率等指标数值。

### 素质目标
1. 强化社会责任意识,在直播信息传播过程中坚持社会主义核心价值观;
2. 培养团队合作的精神,能够共同完成网络直播推广策划;
3. 提高文案策划能力,能够设计合理高效的短视频脚本;
4. 具备广告行业的法律法规意识和保密意识,能够遵守互联网言论规范;
5. 树立成本意识,提高成本控制能力。

微课 3-1：
制订直播
推广方案

## 一、制订推广方案

### （一）制订推广目标

制订直播推广目标是制订直播推广方案必须考虑的环节，有清晰的目标，直播推广的进行才有方向。以单场直播为例，确定单场直播的总目标成交额后，可以根据公式对各环节目标进行分解、确定，从而最终落实到推广方案中。

本场直播成交额 = 流量 × 转化率 × 客单价

具体分解流程包括以下五个步骤。
（1）确定直播的总目标成交额；
（2）确定各渠道的目标销售额；
（3）确定各渠道的目标转化率；
（4）对各渠道的客单价进行预估；
（5）计算各渠道所需的流量。

### （二）选择推广渠道

目前主流的推广渠道有电商平台（淘宝、京东等）、图文内容为主的社交媒体平台（小红书、今日头条、微信、微博等）、短视频内容为主的社交媒体平台（抖音、快手等）。不同的渠道有不同的特征，要根据实际情况选择合适的平台进行推广。

### （三）评估推广预算

推广预算代表了整个推广计划的上限，在制订推广方案时，需要规划好推广计划所需的花费，以免出现预算不足而影响推广效果的情况。

推广预算 = 单日广告支出 × 投放周期 + 营销费用 + 其他费用

## 二、直播引流获客

直播引流是账号获客的重要手段，可以通过预告直播产品卖点和直播间福利、内容引流、邀请有礼等实现引流。邀请有礼可通过邀请码邀请和分享链接、二维码邀请几种方式完成引流。为了提高邀请的转化率，运营人员可以结合节日、节点、热点，设计推广活动，要保证邀请有礼活动的优惠力度。

## （一）粉丝获取

粉丝获取的渠道有内部渠道和外部渠道。内部渠道是指商家自有的渠道，也称为官方渠道。常见的内部渠道有官方网站推广、企业公众号推广。外部渠道也有很多，如营销平台推广、垂直论坛推广、知名社区推广等。

## （二）直播预热信息的发布形式与预热时机

### 1. 直播预热信息的发布形式

一般来说，主播主要可以通过个人简介、硬广告、短视频、软文等形式发布预热信息。

（1）个人简介。

在直播前，主播应更新个人简介预告直播信息，如"今晚19:00××专场""每周三/四/五19:00直播间定时发放福利"。

（2）硬广告。

主播可以通过企业官方网站、微博、微信公众号等新媒体平台，或宣传单、展架、喷绘等线下宣传渠道，直截了当地发布直播的形式、福利、嘉宾阵容等信息，并邀请消费者关注。

（3）短视频。

短视频是十分受互联网用户欢迎的一种内容形式，其时长短、发布时间灵活，主播可以通过剪辑以往的直播片段或拍摄花絮等体现自己直播的特点，并预告直播的时间、内容、优惠等。

（4）软文。

与硬广告直截了当的方式不同，软文的标题、开头与直播内容往往没有太大的联系，而是在分享了具有实用性的内容后，在正文后半部分引入直播预告信息，如直播主题、福利、商品等，引导消费者下载直播软件并观看直播。主播如果以软文形式发布直播预告，应选择目标消费者活跃的平台，以便提升推广效果。

### 2. 直播预热的时机

直播预热信息发布的时间一般在工作日上下班的途中或下班后的休息时间，这段时间消费者登录新媒体平台浏览信息的频率较高，特别是19:00~22:00是消费者登录新媒体平台的高峰期，主播可选择在该时间段发布直播预热信息。主播一般应提前3天准备好海报、文案、短视频等宣传物料，然后在正式直播的1~3天前进行直播预热。

### （三）设计吸睛的直播标题与封面

#### 1. 设计标题

标题的核心作用有两点：一是给消费者看，吸引消费者点击和观看直播；二是给平台看，以获得更多的精准推荐。直播能抓住消费者的注意力，具有吸引力的标题至关重要，只有让人眼前一亮的标题才可以吸引更多消费者观看直播，直播也更容易获得平台的推荐。主播可采用以下技巧设计直播标题。

（1）借助名人效应。名人是大众所关注的对象，很多广告都是利用名人效应进行宣传。直播标题也可以借助名人效应，如名人同款、名人直播首秀、名人直播带货专场、名人嘉宾等。

（2）数字化。数字化标题是指将直播的重要信息用数字体现出来。消费者一般不会花费太多的时间去浏览标题，而数字化标题直观、简洁，能够让消费者瞬间抓住直播内容的关键信息，吸引消费者注意。

（3）制造紧迫感。直播标题中可以添加"数量有限"等字样，以制造紧迫感、紧缺感，促使目标消费者立刻采取行动。

（4）利益化。直播标题可以"以利诱人"，直接指明直播利益点，以此来吸引消费者观看。

（5）借助热点。热点事件更容易引起人们的广泛关注，如世界杯、奥运会、节日等。主播可以基于热点事件设计标题，利用大众对社会热点的关注来引导消费者观看直播。

（6）解决消费者痛点。可以在直播标题中注明消费者在生活或工作中所遇到的烦恼和困难，并给出解决方案，以帮助消费者解决痛点，引起他们的关注。

#### 2. 设计直播封面

直播封面图片应清晰完整、构图美观，其设计方式主要分为两种。一种是封面以人物为主体，封面中的人物可以是品牌形象代言人、商品模特或主播。有人物的封面给人更自然、真实的感受。另一种是封面以商品为主体，即在封面中展示直播推荐的商品。此时，商品图片应直观立体，让消费者能够直接观察到商品的细节、特点等。

### （四）扩散直播预热信息

#### 1. 参加平台活动推广直播间

（1）淘宝直播活动。淘宝直播活动可以在淘宝主播 App 的活动广场查看并报名，其具体操作如下。

① 进入淘宝主播 App 主页面，在下方的"活动广场"中浏览活动标题，选择所需查看的活动选项。

② 在打开的页面中查看活动详情，包括货品、参与基地、合作模式等；点击"立即报名"按钮，然后按照操作提示填写资料并提交。

（2）抖音直播活动。抖音直播活动可以在抖音 App 的创作者服务中心（或企业服务中心）中查看。下面是在创作者服务中心查看抖音达人活动的详细内容，其具体操作如下。

① 进入抖音 App 主页面，点击右下角的"我"按钮，在打开的页面右上角点击按钮，然后在打开的设置面板中选择"抖音创作者中心"选项；

② 进入创作者服务中心后，点击"商品橱窗"按钮；

③ 打开"商品橱窗"页面，在"常用服务"栏中点击"达人活动"按钮；

④ 打开"达人活动"页面，选择所需查看的活动选项；

⑤ 在打开的页面中浏览商品，选择所需商品选项；

⑥ 在打开的"商品推广信息"页面中可浏览商品的推广数据，点击"去买样"按钮可以购买样品，点击"加入橱窗"按钮可以直接将商品添加到自己的商品橱窗。

（3）快手直播活动。进入快手 App 主页面后，点击左上角的口按钮，在打开的面板中选择"大家都在看"选项。在打开的页面中选择"活动中心"选项，可查看有无适合自己的平台活动。

### 2. 用微博、微信扩散直播预热信息

一般来说，主播使用微博、微信扩散直播预热信息主要包括微博推广、社群推广、微信朋友圈推广、微信公众号推广等方式。

（1）微博推广。微博适合发布短篇内容。在直播前，主播可以将直播主题、商品卖点、直播福利等信息简明扼要地列出来并分享到微博上。

（2）社群推广。社群推广是增加粉丝数量的一种有效方式。主播利用社群进行直播预热时，可以提前透露一些直播消息，包括直播主题、福利等，以吸引消费者注意；同时，可以通过一些小活动提升消费者的活跃度，加深社群成员对直播预热信息的印象，起到更好的直播预热效果。

主播要想通过社群为直播助力，就要重视对社群的运营，提升消费者的活跃度和忠诚度。例如，在社群中分享实用性知识和技巧，经常发放优惠券、抵扣券、红包等福利，同时邀请消费者参与直播，收集他们希望获得的知识、希望购买的品牌和商品以及心理价位等信息。除了建立社群外，主播也可以加入一些社群，定期发布自己的直播预热信息。需要注意的是，不管是自己建立社群，还是加入其他社群，主播在社群中都需要发布优质的内容，这样才能真正吸引消费者的持续关注。同时，主播不能

频繁发布硬广告，否则容易使消费者产生抵触情绪。

（3）微信朋友圈推广。通过微信朋友圈推广直播间并扩散直播预热信息也是一种常用的直播预热方式。微信朋友圈适合发布短篇内容，与运营社群类似，主播可以在微信朋友圈中定期发布自己的直播动态，但不宜频繁发布硬广告，而是应时常分享优质的内容，这样才能吸引消费者的持续关注。

（4）微信公众号推广。主播可以创建微信公众号，然后在微信公众号中发布直播预热信息。微信公众号适合发布长文案，包括硬广告和软文。主播可以在文案中详细说明直播信息，包括直播主题、直播时间、直播福利、商品清单等。

## 三、短视频付费推广

### （一）短视频策划与创作

#### 1. 热点采集

热点是当下比较受广大消费者关注的资讯，及时跟进热点能使短视频在短时间内获得大量流量曝光，增加播放量，吸引消费者关注。热点的类型有突发型热点、常规型热点、预判型热点。常用的热点的采集渠道有四种：①在微信公众号榜单寻找热点；②在微博热搜中寻找热点；③在百度搜索风云榜中寻找热点；④在资讯类平台中寻找热点。

选取热点时应对热点的时效性进行分析，然后分析消费者行业，消费者对该热点人物、事件的关注度，该热点是否有争议，是否带有可讨论的话题等。

#### 2. 内容选题

选题要以消费者为中心，保证价值输出，有"干货"，与账号定位相匹配，保证内容垂直度。确定选题后，应建立选题库，策划短视频拍摄大纲，大纲主要分为时间线、拍摄场景和话术三个部分。

#### 3. 短视频脚本策划

短视频脚本制作主要包括六个要素，分别是镜头景别、画面内容、台词、时长、运镜和音效。

（1）镜头景别。根据内容需要及情节要求，对拍摄对象整体或局部的拍摄，一般分为远景、全景、中景、近景、特写。

（2）画面内容。把内容拆分在每一个镜头里面，也称分镜头脚本，使用分镜头脚本既能符合严格的拍摄要求，又能提高拍摄质量。

（3）台词。在做短视频时，一般不需要太多的台词，如果语速太快、台词过多，会给用户增添负担。

（4）时长。指脚本中标注出的单个镜头的时长，提前标记清楚镜头时长，可方便剪辑时找到重点，提高剪辑工作效率。

（5）运镜。即镜头的运动方式，常用的运镜方式有推拉、摇移、甩、升降等。

（6）音效。根据不同场景的气氛烘托搭配不同的音效。在视频中搭配合适的音效，能让视频呈现出令人惊艳的效果，例如，拍摄运动风格的视频就要选择节奏鼓点清晰的音乐，拍摄中国风则要选择节奏偏慢的唯美音乐。

### （二）短视频推广

#### 1. 流量指标

流量指标包括点赞率、评论率、转发率和完播率。要提升优化这些指标，可以采取优化标题、引导评论、缩短视频时长的方法。

#### 2. 短视频加热

可以使用工具进行短视频加热，如抖音中短视频加热工具DOU+，投放DOU+的目的有花钱买曝光、花钱买时间，以及优化标签、创意测试。

## 四、直播付费推广

### （一）广告投放

为了广告能够精准曝光，需要详细设置转化目标、人群定向、投放预算等参数。
1. 转化目标：直播间涨粉、观看、互动、停留、成单等。
2. 人群定向：性别、年龄、地域、兴趣标签等。
3. 投放预算：单日预算、单次投放成本、总消耗费用等。

### （二）出价策略

#### 1. 预算充足时

为保证广告的正常展现，在预算充足的前提下设置广告出价时，需要注意两点。
（1）了解行业的平均转化价格，高于这个价格，才能抢占流量；
（2）了解行业的投放趋势，展现低时及时提高投放价格。

#### 2. 预算不足时

在预算不足时，设置广告出价需要注意两点。
（1）集中预算投放，创建太多的广告计划会分散预算，导致广告曝光量低；

(2)预算集中在有效的投放时间及人群定向投放。

## (三)广告优化

### 1. 广告效果评估

广告投放效果受诸多因素的影响,可以通过广告投放效果评估矩阵,快速找到问题出现的原因。

### 2. 广告投放策略调整

根据广告投放效果评估矩阵确定广告状态后,可以从以下四点进行调整。

(1)消耗多、转化多:预算充足可以复制广告计划,重点从出价、创意优化广告;

(2)消耗少、转化多:持续保持观察,预算充足的可以适当扩量;

(3)消耗少、转化少:曝光量级太小,调整的时候就需要优先考虑优化曝光量;

(4)消耗多、转化少:优先考虑投放方案的调整,包括广告创意、人群定向等。

### 3. 人群定向调整策略

人群定向可以从以下三点进行调整。

(1)避免过窄:定向选定过少,可能导致用户覆盖少;

(2)避免重叠:同账户间多个计划选择了相同的定向,可能导致相互竞争;

(3)避免不精准:去除低转化地域、年龄段、兴趣标签,可有效降低转化成本。

## (四)淘宝直播付费推广

淘宝直播付费推广主要通过超级直播进行。超级直播是一款为淘宝主播和商家提供的可以快速提升直播观看量、增加互动,进而促进转化的直播推广工具。满足以下两个条件即可开通超级直播推广功能:①近90天内直播间的开播次数大于1次;②直播间粉丝数量在1个以上。超级直播提供了多个推广资源位,包括淘宝直播广场、直播间上下切、"猜你喜欢"、搜索结果页、点淘直播广场等。

### 1. 淘宝直播广场

主播通过超级直播进行推广,可以让自己的直播出现在目标用户淘宝 App 直播广场的前排位置。

### 2. 直播间上下切

用户在观看直播的过程中上下滑动切换时,超级直播可以将主播的直播直接推荐给目标用户。

### 3. "猜你喜欢"

"猜你喜欢"资源位位于淘宝 App 首页的导航栏下方,"猜你喜欢"资源位主要拥有的是公域流量，其展现样式包括图片和短视频。直播推广一般在"猜你喜欢"的第10个资源位，超级直播将根据用户浏览内容的偏好，将主播的直播推荐给目标用户。

**4. 搜索结果页**

主播通过超级直播进行推广，可以让自己的直播出现在目标用户的淘宝搜索结果页中。

**5. 点淘直播广场**

主播通过超级直播进行推广，可以让自己的直播出现在目标用户点淘 App 直播广场的前排位置。

## （五）抖音直播付费推广

主播可以使用抖音直播的"DOU+ 上热门"付费推广功能对直播间进行推广，增加直播间的曝光率，提升直播间的人气等。"DOU+ 上热门"的付费推广一般可以在开播前 1~2 小时设置，下面介绍如何在"DOU+ 上热门"中进行付费推广设置，其具体操作如下。

（1）进入抖音 App 主页面，点击底部的"+"按钮，在打开的页面中选择"开直播"选项，然后在打开的页面中点击"DOU+ 上热门"按钮；

（2）在打开的页面中点击"立即加热"按钮；

（3）打开"DOU+ 直播上热门"页面，在"请选择下单金额"栏中选择下单金额，在"你更在意"栏中根据推广目的选择对应选项；

（4）在"你想吸引的观众类型"栏中点击"系统智能推荐"按钮，将由系统自动向用户推荐；点击"自定义观众类型"按钮，则可以在打开的"自定义观众类型"页面中自定义用户的性别、年龄等，设置完成后点击"确认"按钮；

（5）在"选择加热方式"栏中点击"直接加热直播间"按钮，可直接增加直播间的曝光量；在"选择加热方式"栏中点击"选择视频加热直播间"按钮，可添加预热视频，通过视频吸引潜在用户，使其进入直播间；在"期望曝光时长"栏中设置推广时长，点击"支付"按钮完成付款后即可开始推广。

## （六）快手直播付费推广

在快手平台直播时，主播可以使用快手直播的"小火苗 + 上热门"付费推广进行直播推广，以增加直播间的曝光度。设置快手"小火苗 + 上热门"付费推广与设置抖音"DOU+ 上热门"付费推广的操作方法相似，也可以在开播前或直播过程中设置。在开播前设置"小火苗 + 上热门"付费推广的具体操作如下。

（1）进入快手 App 主页面，点击底部的按钮，在打开的页面下方选择"直播"选

项,在上方选择"视频"选项,然后在打开的页面中点击"上热门"按钮;

(2)打开"直播推广"页面,在"期望提升"栏中根据推广目的选择对应选项。其中,"直播观看"用于吸引用户观看直播,"粉丝数"用于直播涨粉,"卖货ROI"(投资回报率)用于提升直播带货的转化率。在"下单金额"栏中选择下单金额,点击"自定义"按钮即可自定义下单金额,最高下单金额为200 000元;

(3)在"每直播观看推广费"栏中设置推广单价,"上热门"的推广费按照点击进入直播间的人数扣费,每位用户多次点击只扣除1次费用;

(4)在"投放内容"栏中设置投放方式,点击"直播间"按钮,可直接增加直播间的曝光量,提升直播间的人气;点击"作品"按钮,可添加预热视频,通过预热视频吸引潜在用户;点击"直播间+作品"按钮,也可以添加预热视频,并通过两种方式预热;

(5)在"推荐给我想吸引的人"栏中设置推广内容的投放人群,默认选中"和我相关的人"单选项中的"不限"选项。这表示投放给主播的粉丝及对直播间、短视频、商品等有过点赞、收藏、评论等行为的人群;选择"我的粉丝"选项,则只将直播间推广给粉丝;

(6)在"推荐给我想吸引的人"栏中点击选中"自定义人群特征"单选项,在其中可设置投放人群的性别、年龄和地域,同时可实时查看该自定义设置下预计引入的人数。另外,在"推荐给我想吸引的人"栏中点击选中"指定达人/行业相似粉丝"单选项,可将内容投放给指定的达人主播或直播行业中相似的粉丝人群;

(7)在"投放时长"栏中选择"不限"选项,打开"选择投放时长"页面,选择投放时长选项,最高投放时长为24小时。此处选择"0.5小时"选项,然后点击"确定"按钮;

(8)返回"直播推广"页面,"支付方式"栏中默认选择了"快币"选项,此时需要点击"去充值"按钮,充值后可进行付款;

(9)选择"快币"选项,在打开的"请选择支付方式"页面中可以选择支付方式,选择好支付方式后点击"完成"按钮,然后进行付款推广。

如果需要在直播过程中设置"上热门"推广,可点击直播页面右下角的按钮,在打开的面板中点击"上热门"按钮,打开"直播推广"页面,设置并支付推广费用即可。

微课3-2:
直播二次
传播

## 五、直播二次传播

直播二次传播的形式有短视频、战绩海报、软文等。在直播结束后将直播过程中

## 学习模块三　网络直播推广策划

的精彩画面或片段重新剪辑，形成短视频，在主流媒体平台传播推广，可以让错过直播的用户了解主要内容，也能为直播间带来一定的流量，持续为商品销售转化引流。将直播主题、直播销售业绩等数据以海报的形式展现，通过突出战绩来达到宣传的目的，这种二次传播形式叫作战绩海报传播。软文传播可以撰写直播资讯、直播核心观点，讲述主播个人感悟和消费者观看体验，分享直播背后的故事，以覆盖各类目标受众，增加直播活动的曝光量和热度。视频的推广渠道有视频网站（爱奇艺、腾讯视频等）、移动社交媒体平台（微信、微博等）、短视频平台（抖音、快手等）。软文推广渠道有门户网站（新浪网、网易、搜狐网、腾讯网、凤凰网等）、社交媒体平台（微信公众号、微博、今日头条等）、内容社区（知乎、豆瓣、简书等）、内容电商平台（小红书、马蜂窝等）。直播结束后，针对直播热点和兴奋点与粉丝持续交流互动，也是直播二次传播的有效方式之一。

### 学习情境

直播引流作为吸引流量的重要营销手段，已经成为许多企业和个人推广直播活动的重要方式。做好直播的推广引流需要先明确目标受众，选择合适的直播平台，制订有效的推广策略，才能够在激烈的直播市场中脱颖而出，吸引更多的观众和粉丝，实现推广引流的目的。

双福福城商贸有限公司现针对双十一狂欢活动面向新老客户进行福利直播，作为团队负责人，你需要和团队根据公司资金预算制订本次直播推广策划方案，以保证直播间流量。

借阅或上网查询有关的资料，完成以下任务：

（1）认真分析任务书，完成任务分析表；

（2）制订工作计划，填写人员分工表、工作流程表、资金预算表；

（3）根据商品信息及行业数据，分析目标人群的年龄分布、性别分布、地域分布、兴趣偏好等数据，明确目标受众，形成用户画像；

（4）根据直播推广需求制作直播宣传物料，完成直播推广宣传物料设计；

（5）根据要求完成宣传物料违规信息排查，填写违规信息排查表；

（6）设计合适的标题、封面，选择合适的文案；

（7）采集热点，撰写短视频脚本，完成短视频拍摄及发布；

（8）制订广告计划，完成直播间付费推广；

（9）制订新媒体推广方案；
（10）制订站内推广方案；
（11）制作直播间精彩短视频、战绩海报，在相应的平台上进行直播二次传播；
（12）在社群完成直播的二次转播。

# 学习模块三　网络直播推广策划

## 一、任务资讯

### （一）企业工单

企业工单见表 3-1。

**表 3-1　网络直播推广策划企业工单**

订单编号：ZB2023120003

| 工作任务 | 网络直播推广策划 | | |
|---|---|---|---|
| 派单企业 | 双福福城商贸有限公司 | 截止日期 | |
| 接单人 | | 负责导师 | |
| 工单描述 | 本工单依据电商直播企业的典型工作任务指定开发，主要面向直播运营主管岗位，培养内容专员的直播推广、流量获取能力，助其提升专业技能，积累实操经验 | | |
| 企业目标 | OKR 即目标与关键成果，是一种企业管理方式，以过程性考核为核心，关键结果"可量化、可追踪" | | |
| | 目标（Objective） | O：通过推广为直播间引流 50 人 | |
| | 关键成果（Key Result） | KR1：明确目标受众，进行用户画像分析 | |
| | | KR2：完成直播推广宣传物料方案设计 | |
| | | KR3：撰写短视频脚本，完成短视频付费推广，展现 1 000 人次 | |
| | | KR4：制订广告计划，完成直播间付费推广，展现 1 000 人次 | |
| | | KR5：制订新媒体和站内推广方案，展现 1 000 人次 | |
| | | KR6：制作直播间精彩短视频、战绩海报，在相应的平台上进行直播二次传播，促进销售转化 | |
| 工作职责 | 1. 制订和执行平台电商直播的推广计划及落地方案，包括活动策划、文案撰写、内容制作等；<br>2. 针对目标受众进行社群搭建和维护工作，建立并维护社群；<br>3. 负责直播间日常维护与互动，提升用户活跃度，促进转化效果；<br>4. 定期对直播数据进行分析，优化策略和提升流量，保证平台整体业绩指标达成；<br>5. 分析平台产品受众需求，提出相应建议和改进措施；<br>6. 根据直播平台特点设计符合用户需求的直播形式和内容，提高用户体验度 | | |
| 工作内容 | 1. 明确目标受众，构建用户画像；<br>2. 撰写直播推广方案；<br>3. 直播引流获客；<br>4. 短视频付费推广；<br>5 直播间付费推广；<br>6. 直播二次传播 | | |
| 接单时间 | | 任务完成时间 | 部门 |

## （二）任务分析表

任务分析表见表3-2。

表3-2 网络直播推广策划任务分析表

| 编写人员 | | 日期 | |
|---|---|---|---|
| 学习任务 | 任务简介 | | |
| 制订推广方案 | 根据商品信息及行业数据，分析目标用户的年龄分布、性别分布、地域分布、兴趣偏好等数据，明确目标受众，形成客户画像；根据推广需求，明确目标受众群体，确定推广目标，合理分配推广预算，制订直播推广策略 | | |
| 直播引流获客 | 挖掘直播卖点进行福利预告，选择合适的平台在站内和站外进行推广，完成直播前引流 | | |
| 短视频付费推广 | 采集短视频热点，根据热点进行内容选题，制作短视频策划方案，撰写短视频脚本，进行短视频拍摄剪辑，选择合适的平台进行发布，完成短视频付费推广，并对短视频付费推广效果进行评估 | | |
| 直播间付费推广 | | | |
| 直播二次传播 | | | |

## 二、制订计划

### （一）人员分工表

明确部门内部情境角色，如运营经理、推广专员、运营专员，填写人员分工表（表3-3）。

表3-3 人员分工表

| 班级 | | 组号 | | 指导教师 | | |
|---|---|---|---|---|---|---|
| 组长 | | 学号 | | | | |
| 组员 | 姓名 | 学号 | 姓名 | 学号 | 备注 | |
| | | | | | | |
| | | | | | | |

## 学习模块三　网络直播推广策划

姓　名
班　级

（续表）

| | 角色 | 职责 | 人员 | 备注 |
|---|---|---|---|---|
| **任务分工** | 运营经理 | 负责审核各专员工作，协调内部分工和进度 | | |
| | 推广专员 | | | |
| | 运营专员 | | | |

### （二）工作流程表

认真阅读工作任务书，梳理任务内容，理解工作任务要求，制订工作流程，填写工作流程表（表3-4）。

表3-4　工作流程表

| 工作流程 | 具体操作要求 |
|---|---|
| 制订推广方案 | 根据目标用户的年龄分布、性别分布、地域分布、兴趣偏好等数据，明确目标受众，形成用户画像 |
| | 根据推广需求，明确目标受众群体，确定推广目标，合理分配推广预算，制订直播推广策略 |
| 直播引流获客 | |
| 短视频付费推广 | |
| 直播间付费推广 | 根据推广方案，进行广告投放设置操作 |
| | 根据推广预算，制订出价策略 |
| | 广告投放后，对广告投放效果进行评估与优化 |
| 直播二次传播 | 截取直播间精彩短视频，在视频传播平台上进行传播 |
| | 制作直播战绩海报，选择合适的渠道传播 |
| | 构建社群，将精彩短视频和直播战绩海报在社群传播，刺激粉丝复购，提高复购率 |

姓 名 _____
班 级 _____

学习模块三　网络直播推广策划

## （三）资金预算表

根据公司预算，填写本场直播的资金预算表（表3-5）。

表 3-5　资金预算表

| 采购资金 | 推广资金 | 活动资金 | 其他 |
|---|---|---|---|
|  |  |  |  |

> **提示**
>
> 公司本场直播预算＝采购资金＋推广资金＋活动资金＋其他。

## （四）任务计划表

填写任务计划表（表3-6）。

表 3-6　任务计划表

| 任务名称 | | 人员 | 计划完成时间 |
|---|---|---|---|
| 制订推广方案 | 明确目标受众，形成用户画像 | | |
| | 制订推广方案 | | |
| 直播引流获客 | | | |
| 短视频付费推广 | | | |
| | | | |
| | | | |
| 直播间付费推广 | 广告投放设置操作 | | |
| | 制订出价策略 | | |
| | 广告投放效果评估与优化 | | |
| 直播二次传播 | 截取直播间精彩短视频，在视频传播平台上进行传播 | | |
| | 制作直播战绩海报，选择合适的渠道传播 | | |
| | 创建社群，将精彩短视频和直播战绩海报在社群传播，刺激粉丝复购，提高复购率 | | |

学习模块三　网络直播推广策划

## 三、任务准备

网络查阅网络直播推广专员的工作职责及能力要求，填写推广专员的工作职责表（表3-7）。

表3-7　推广专员工作职责表

| 工作岗位 | 推广专员 |
| --- | --- |
| 工作职责 | |
| 能力要求 | |

借助网络和相关学习平台，查阅网络直播付费推广、免费推广的渠道和方法，学习抖音、快手、小红书、视频号、淘宝等直播平台推广相关知识点，填写工作准备记录表（表3-8）。

表3-8　工作准备记录表

| 序号 | 查阅内容 | 知识点 | 疑点 |
| --- | --- | --- | --- |
| 1 | | | |
| 2 | | | |
| 3 | | | |

## 四、任务实施

### （一）制订推广方案

引导问题1：如何制订推广目标？

_____
_____
_____
_____

| 姓 名 | |
|---|---|
| 班 级 | |

引导问题 2：如何选择推广渠道？

_____

_____

_____

引导问题 3：如何评估推广预算？

_____

_____

_____

通过对人群分析，确定目标受众，根据推广需求、资金预算，制订合理的推广方案，见表 3-9。

表 3-9　直播推广方案策划表

| 直播推广目标 | |
|---|---|
| 直播受众 | |
| 直播选品 | |
| 直播平台 | |
| 直播推广方案 | 直播前引流： |
| | 直播中付费推广： |
| | 直播二次传播： |
| 直播推广预算 | |
| 直播推广效果评估 | |
| 后续活动策划 | |

## （二）直播引流获客

引导问题 4：直播前期引流物料的筹备主要包括_____和_____。

## 学习模块三　网络直播推广策划

其中宣传物料有_____、_____、_____等类型，需要根据不同类型的特点，设计预热文案。

表 3-10　不同宣传物料信息比较

| 类型 | 海报 | 软文 | 短视频 | H5（互动形式的多媒体广告页面） |
|---|---|---|---|---|
| 内容特点 | | | | |
| 用户容忍度 | | | | |
| 原创要求 | | | | |
| 创作成本 | | | | |
| 创作工具 | | | | |

引导问题 5：设计不同类型的直播宣传物料时需要注意什么事项？

_____

_____

_____

_____

引导问题 6：直播宣传物料把控应该从_____、_____和_____三个维度进行综合评估。抖音直播间常见的违规行为有哪些？

_____

_____

_____

_____

_____

> **提示**
>
> 抖音直播违规动作行为包括以下六点。
> （1）禁止口头抽奖；

（2）禁止在抖音直播间挂微信号；
（3）禁止在抖音直播间传播负面内容；
（4）禁止诱导未成年人刷礼物，且还要在直播间主动提醒"未成年观众请不要送礼物"；
（5）不要长时间离开直播间；
（6）抖音直播封面注意尽量不要使用非本人的图像。

引导问题7：抖音直播的违禁词有哪些？

### 提示

抖音直播违禁词

（1）极限词

抖音直播违禁词比较常见的就是极限词，包括但不限于"国家级""世界级""最高级""第一""唯一""首个""首选""顶级""最新""最先进""全网销量第一""全球首发""顶级工艺""极致""独一无二"等。还有一些绝对化用语也不要用，包括但不限于"最高""最低""最先进""最大程度""最新技术""最佳""最时尚""受欢迎""最先"等词语。除此之外，也不要用"100%""高档""正品"等虚假或者无法判断真伪的夸张性表述词语。

（2）不文明用语

抖音直播违禁词还包括不文明的用词，包括有辱骂性质，或者是人身攻击，带有不文明色彩的词语。

（3）暗示性引导用语

抖音直播违禁词中的暗示性引导用语包括但不限于"点击有惊喜""点

学习模块三　网络直播推广策划

> 击获取""点击试穿""领取奖品"等。
> 　　（4）刺激用户下单的词语
> 　　例如"再不抢就没了""错过就没机会了""万人疯抢"等为了刺激用户下单而夸张宣传的词语都属于违禁词。
> 　　（5）医疗宣传类词语
> 　　这类词语主要是针对普通商品来说，如果用了疑似医疗类的用语，也属于违禁词类，包括但不限于"修复受损肌肤""活血""清热解毒""除菌""改善敏感肌肤""补血安神""驱寒解毒""调节内分泌""降血压""平衡荷尔蒙""消除斑点"等。
> 　　（6）封建迷信类词语
> 　　包括但不限于"算命""保佑""带来好运气""增强第六感""护身""逢凶化吉""时来运转""万事亨通""旺人""旺财""助吉避凶""转富招福"等。

　　有数据表明，符合直播平台规则的标题和封面最多能为直播间带来 38% 的流量。直播封面图作为用户接触直播的第一环节，可以起到建立直播间特色、吸引用户点进来的作用。其要求主要有主题明确、图片美观、风格鲜明。直播主题设置建议简洁、易懂、有重点，也可借助文案技巧实现更佳的推广效果。

　　引导问题 8：标题文案策划八大技巧：借势热点、_____、_____、直接阐明价值、_____、_____、直接发福利、特定品牌+利益等。

表 3-11　标题文案八大技巧

| 文案技巧 | 特点 | 适用场景 | 示例 |
| --- | --- | --- | --- |
| 借势热点 | 用热门事件、热门节日、热门影视剧借势 | 热点与直播商品或福利有关联 | "双十一"攻略来了！ |
| 戳痛点 | 以用户核心烦恼为中心，结合需求痛点 | 适用功能型产品，如遮瑕产品、显瘦衣服等 | 痘肌"救星"，减少反复 |
| 反向表达 | 在标题表达时采用逆向表达，制造反差 | 适用标题反向表达设计能够让用户产生新鲜感的直播 | 别点，点就省钱 |
| 直接阐明价值 | 直接告诉用户看直播能解决什么问题 | 适合有知识或教程传授的直播，如穿衣搭配 | 手把手教你化妆 |

(续表)

| 文案技巧 | 特点 | 适用场景 | 示例 |
| --- | --- | --- | --- |
| 制造悬念 | 用未知的惊喜或福利引发用户好奇心 | 适合惊喜和福利远远高于平常的直播 | 咦？听说今晚有惊喜？ |
| 营造紧迫感 | 用限时限量向用户传递紧迫感 | 适合有限时限量优惠力度或活动的直播 | 品牌现货，限时一折 |
| 直接发福利 | 用纯利益型的直播标题（如发红包、送福利） | 适合有较多的预算来发红包或送福利的直播 | 关注发红包 |
| 特定品牌+利益 | 以"××（品牌）专场"的直播间标题吸引对品牌有需求的用户 | 适合有品牌产品且具有较大的优惠力度的直播 | 专柜上新一折抢 |

根据任务要求，紧扣双十一购物节，保持宣传物料统一、具有一定的新意等原则设计海报文案、软文标题、短视频标题等内容，填写宣传文案设计表（表3-12）。

表3-12 宣传文案设计表

| 海报文案 | |
| --- | --- |
| 软文标题 | |
| 短视频标题 | |

对以上文案进行违规核查，填写直播宣传物料违规信息排查表（表3-13）。

表3-13 直播宣传物料违规信息排查表

| 宣传物料 | 违规事项 |
| --- | --- |
| 海报 | |
| 软文 | |
| 视频 | |

引导问题9：常见的引流渠道有哪些？

## 学习模块三　网络直播推广策划

**引导问题 10**：淘宝直播推广渠道有平台内推广和第三方平台推广，淘宝平台内推广方式主要有＿＿＿＿＿、＿＿＿＿＿、＿＿＿＿＿。第三方平台推广方式有＿＿＿＿＿、＿＿＿＿＿、＿＿＿＿＿。抖音直播间引流推广有四种：＿＿＿＿＿、＿＿＿＿＿、＿＿＿＿＿、＿＿＿＿＿。

快手直播平台有四种类型的付费推广功能：＿＿＿＿＿、＿＿＿＿＿、＿＿＿＿＿、＿＿＿＿＿。

根据任务要求，结合设计的物料，为本场直播选择合适的推广方式，并填写直播推广渠道选择表（表3-14）。

表 3-14　直播推广渠道选择表

| 宣传物料 | 推广渠道 |
|---|---|
| 海报 |  |
| 软文 |  |
| 视频 |  |

### （三）短视频付费推广

短视频引流推广是常见的引流形式，在短视频拍摄前，运营人员要策划短视频内容，选择合适的热点进行选题，完成短视频脚本撰写，开播前发布短视频进行预热，如果直播账号上的短视频曝光量比较高，就可以付费投放 DOU+ 获取更多的曝光，然后在投放 DOU+ 的这段时间内进行直播。

**引导问题 11**：常见的热点有哪些类型？如何采集热点？

**引导问题 12**：短视频策划前如何进行内容选题？

| 姓 名 | |
|---|---|
| 班 级 | |

学习模块三　网络直播推广策划

<u>　　　　　　　　　　　　　　　　　　　　　　　　　　　　　　　</u>

<u>　　　　　　　　　　　　　　　　　　　　　　　　　　　　　　　</u>

<u>　　　　　　　　　　　　　　　　　　　　　　　　　　　　　　　</u>

引导问题13：短视频脚本制作要素有：镜头景别、＿＿＿＿＿、＿＿＿＿＿、＿＿＿＿＿、＿＿＿＿＿运镜、音效。

根据任务要求撰写短视频创作文案和短视频脚本，填写短视频创作文案策划表（表3-15）。

表3-15　短视频创作文案策划表

| 短视频标题 | |
|---|---|
| 创作主题 | |
| 创意阐述 | |
| 内容概述 | |
| 画面表现 | |

表3-16　短视频创作文案策划实例

| 短视频标题 | 苗绣一针一线，连接古今中外 |
|---|---|
| 创作主题 | 1. 主题<br>苗绣不仅是一种传统手工技艺和艺术形式，也是连接古今中外、传承中华文明的重要一环。通过苗绣，让世界更好地了解中国文化的独特魅力。<br>2. 创作背景<br>苗绣是苗族民间传承的刺绣技艺，是苗族历史文化中特有的表现形式之一。随着时代的发展，苗绣也在不断创新，焕发出新的生命力。习近平总书记也曾为苗绣"点赞"：苗绣，既是传统的，也是时尚的。<br>3. 创作目的<br>通过短视频讲述苗绣的历史文化，呈现苗绣作品的细腻和精美，并介绍苗绣与现代设计的融合发展，展现多元化、国际化、时尚化的苗绣魅力，从而与更多观众产生情感共鸣与文化连接，提高受众，尤其是年轻人群对苗绣的接受度，点燃观众对推广和传承中国非物质文化遗产的热情。 |

学习模块三　网络直播推广策划

姓　名
班　级

（续表）

| | |
|---|---|
| 创意阐述 | 1. 短视频类型<br>本视频属于艺术文化类视频，通过将苗绣影像记录、苗族传统音乐与文案口播相结合，讲述苗族传统文化艺术与历史渊源，介绍苗绣与现代设计的融合发展。<br>2. 短视频定位<br>（1）视频内容定位<br>本视频主要面向以女性为主的年轻群体、文艺爱好者等，她们更关注文艺、时尚类短视频，情感细腻，对"美"和文化多元性有浓厚的兴趣，对传承苗绣文化更容易产生认同感与情感共鸣。<br>根据目标用户的心理特征，本视频以苗绣被誉为"无字史书"的历史由来为切入点，勾起观众对苗绣文化的兴趣，并着重介绍苗绣时尚化、国际化的新发展，从而符合观众的兴趣和情感需求，激发观众对传承中国传统文化的热情。<br>（2）视频风格定位<br>视频节奏轻快，偏向文艺、时尚的艺术风范，以吸引年轻群体的兴趣和关注。通过高品质和具有艺术质感的镜头语言，展现苗绣作品的精美细节，突出苗绣艺术的观赏性和时尚感。<br>3. 热点借力<br>（1）以苗族"跳花节""文化和自然遗产日"等特殊节日为契机进行视频推广，营造传承传统文化的良好氛围，让苗绣文化得到更好的传播。<br>（2）对"习近平总书记'点赞'苗绣""苗绣与国际名牌跨界联名"等热点事件进行宣传与播报，引爆流量，形成良好的传播效应。 |
| 内容概述 | 1. 结构框架<br>本视频结构框架主要包括五个方面，分别是：视频开场、提出疑问、亮明主题、总结升华、互动引导。<br>2. 内容简介<br>（1）视频开场<br>伴随着优美的音乐旋律，"苗绣"二字犹如书法行云流水，跃于风景画面之中，抓住观众眼球。<br>（2）提出疑问<br>以问题："你知道为什么说苗绣是穿在身上的无字史诗吗？"激发观众好奇心，吸引观众继续观看。<br>（3）亮明主题<br>讲述苗绣的历史文化，呈现苗绣作品的细腻和精美，并介绍苗绣与现代设计的融合发展，展现多元化、国际化、时尚化的苗绣魅力。结合习近平总书记在贵州黔西市新仁苗族乡化屋村视察时对苗绣的"点赞"："苗绣既是传统的也是时尚的，你们一针一线绣出来，何其精彩！"让观众更好地了解苗绣的传承与发展。<br>（4）总结升华<br>表明苗绣是连接古今中外、传承中华文明的重要一环。通过苗绣这个窗口，让世界看到东方的传统美和时尚美，从而升华主题，呼吁观众增强文化自信，激发观众保护并传承非物质文化遗产的热情。 |

（续表）

| 内容概述 | （5）互动引导<br>在结尾时可以呼吁观众在评论区留下讨论："看到这儿，相信你也被苗绣的魅力深深触动了吧，快来评论区留言分享你的感受！"同时也引导观众点赞、关注，提高视频的传播效果。 |
|---|---|
| 画面表现 | 1. 画面风格<br>短视频画面以文艺风格为主，用自然、纯净、轻松的色彩和元素，营造出空灵、清新的画面感觉，吸引年轻人的关注。<br>2. 表现手法<br>通过设置悬念的手法，引起观众的好奇心。视频时长要短，内容要精，节奏要快、准、狠，紧凑流畅、不拖泥带水，让观众有沉浸感、代入感。<br>3. 剪辑技巧<br>（1）使用微距镜头、焦距等手段，对画面中非常细小的元素进行特写，突出苗绣图案上的细节和纹理，使画面更加生动逼真。<br>（2）通过使用镜头移动的方式来展示苗绣的文化和历史，同时可以通过延时或快速播放画面，来调整视频的节奏和节拍，使画面更加生动和有趣。<br>（3）使用适当的转场效果增加视频画面的连续性和流畅性，如淡入淡出、翻页、推拉、模糊等。<br>（4）为视频添加字幕并在适当的地方加入文字介绍，让观众更好地理解苗绣的历史历程和当代苗绣的新时尚传承。同时也可以通过改变字体、颜色等方式，增加视频的视觉效果。<br>（5）在颜色搭配上可以按苗绣常见的颜色搭配，用红、黑、青、白为主色调，灰、黄、绿、蓝做辅助，以表现苗绣的民族风格和文化特色。<br>（6）通过剪辑和音乐的配合，控制画面的节奏和氛围。例如，在展示苗绣作品时，可以使用慢动作和柔和的音乐，以展示苗绣作品的婉约之美。 |

表 3-17　短视频分镜头脚本策划表

| 短视频分镜头脚本 | | | | | | | |
|---|---|---|---|---|---|---|---|
| 标题 | | | | | | | |
| 视频时长 | | | | | | | |
| 镜号 | 景别 | 运镜方式 | 时长 | 画面内容 | 对白 | 音乐音效 | 备注 |
| 1 | | | | | | | |
| 2 | | | | | | | |
| 3 | | | | | | | |

学习模块三　网络直播推广策划

（续表）

| 镜号 | 景别 | 运镜方式 | 时长 | 画面内容 | 对白 | 音乐音效 | 备注 |
|---|---|---|---|---|---|---|---|
| 4 | | | | | | | |
| 5 | | | | | | | |
| 6 | | | | | | | |
| 7 | | | | | | | |
| 8 | | | | | | | |
| 9 | | | | | | | |
| 10 | | | | | | | |

表 3-18　短视频分镜头脚本实例

| 短视频分镜头脚本 ||||||||
|---|---|---|---|---|---|---|---|
| 镜号 | 景别 | 运镜方式 | 时长 | 画面内容 | 对白 | 音乐音效 | 备注（拍摄场景） |
| 1 | 全景 | 推进 | 6秒 | 男女对白商量出发去淄博吃烧烤 | 女一：能不能带我去淄博吃个烧烤？<br>男一：收拾东西走。<br>女一：真的？<br>男一：嗯。 | 视频原声加音乐 | 室内，客厅 |
| 2 | 全景 | 跟进 | 2秒 | 女生推行李箱 | 男一：潮汕到淄博1 500公里，说走就走。 | 视频原声加音乐 | 从家门口转到机场 |
| 3 | 中景 | 静止镜头 | 1秒 | 女生边吃桃子边看手机 | 男一：开不开心？ | 视频原声加音乐 | 飞机内部 |
| 4 | 远景 | 推进 | 4秒 | 先是飞机画面，然后是到淄博的画面，男一、女一 | 女一：到淄博啦！<br>男一：你们心心念念的小烧烤来了！ | 视频原声加音乐 | 车内 |
| 5 | 中景 | 从左到右推进 | 5秒 | 先是男一、女一，然后加入第二个女生 | 女一：烧烤呢？<br>男一：先买点海鲜做潮汕生腌，给大家分一分怎么样？<br>女二：让大家都试试潮汕特色！<br>男一：走！ | 视频原声加音乐 | 室外 |

| 姓 名 | |
|---|---|
| 班 级 | |

学习模块三　网络直播推广策划

（续表）

| 短视频分镜头脚本 ||||||||
|---|---|---|---|---|---|---|---|
| 镜号 | 景别 | 运镜方式 | 时长 | 画面内容 | 对白 | 音乐音效 | 备注（拍摄场景） |
| 6 | 全景 | 跟进 | 4秒 | 三个人到一家海鲜店，一个女生回头互动 | 女一：就这家吧？<br>男一：好！ | 视频原声加音乐 | 海鲜市场 |
| 7 | 中景 | 降镜头推进 | 6秒 | 一个女生蹲着靠近并用手指着帝王蟹 | 女一：这里有帝王蟹！ | 视频原声加音乐 | 海鲜市场店里 |
| 8 | 中景 | 摇镜头 | 1秒 | 对帝王蟹一晃而过 | 男一：你想吃啊？ | 视频原声加音乐 | 海鲜市场店里 |
| 9 | 中景 | 从右到左 | 3秒 | 帝王蟹、女生各占一半画面，女生回答，并点点头 | 男一：都打包吧！ | 视频原声加音乐 | 海鲜市场店里 |
| 10 | 中景 | 从下到上推进最后在左定格 | 4秒 | 三个人一人拿一只帝王蟹 | 男一：1、2、3，刚好一人一只。<br>女一：这些都做生腌！<br>男一：好！ | 视频原声加音乐 | 海鲜市场店里 |
| 11 | 空镜头 | 从左到右推进 | 4秒 | 女生拿网捞基围虾，老板拿着装虾的盒子 | 男一：把它捞完！<br>男一：基围虾多少钱啊？<br>老板：220元一斤。 | 视频原声加音乐 | 海鲜市场 |
| 12 | 空镜头到中景 | 从右到左推进 | 4秒 | 老板捞蟹 | 老板：梭子蟹卖完了。 | 视频原声加音乐 | 海鲜市场 |
| 13 | 中景 | 静止镜头 | 3秒 | 两个女生捞虾 | 男一：把龙虾都抓完！<br>两个女生异口同声：没问题！ | 视频原声加音乐 | 海鲜市场 |
| 14 | 空镜头 | 静止镜头 | 2秒 | 三筐战利品同框 | 男一：这些来做生腌应该够了。 | 视频原声加音乐 | 海鲜市场 |
| 15 | 全景 | 静止镜头 | 4秒 | 老板称帝王蟹 | 男一：老板这帝王蟹多少斤啊？<br>店老板：15.4斤。<br>男一：帮我打包吧。<br>店老板：好的。 | 视频原声加音乐 | 海鲜市场室内 |

学习模块三　网络直播推广策划

（续表）

| 短视频分镜头脚本 | | | | | | | |
|---|---|---|---|---|---|---|---|
| 镜号 | 景别 | 运镜方式 | 时长 | 画面内容 | 对白 | 音乐音效 | 备注（拍摄场景） |
| 16 | 全景 | 从前往后跟进 | 3秒 | 三个人在前面走，后面帮送的老板抱着箱子跟着 | 男一：找个地方做生腌！ | 视频原声加音乐 | 海鲜市场 |
| 17 | 中景 | 摇镜头 | 3秒 | 三个人坐在桌子前面，桌上是清理好的蟹、虾 | 女一：准备做多少份呀？<br>男一：做20份，分给20个有缘人。 | 视频原声加音乐 | 室内 |
| 18 | 特写 | 静止镜头 | 6秒 | 清理好的一盒生鲜 | 男一：每盒一只小青龙，基围虾来一点，加两个帝王蟹腿。 | 视频原声加音乐 | 室内 |
| 19 | 空镜头 | 静止镜头 | 2秒 | 端出一盆料汁，倒在小盒子里 | 男一：生腌汁，太香了！ | 视频原声加音乐 | 室内 |
| 20 | 全景 | 静止镜头 | 3秒 | 三个人在给小盒子加香菜生腌汁 | 男一：好壮观啊，再洒点白酒增香。 | 视频原声加音乐 | 室内 |
| 21 | 中景 | 从左到右推进 | 6秒 | 女生们给盒子盖盖子 | 女一：这还要腌多久？<br>男一：两个小时吧。<br>女一：这么久啊！<br>男一：没事（插入广告）。 | 视频原声加音乐 | 室内 |

表3-19　短视频运营方案

| ×××短视频运营方案 | | | | |
|---|---|---|---|---|
| 用户画像 | 性别 | | 年龄 | |
| | 受教育程度 | | 地域 | |
| | 行业 | | 兴趣爱好 | |
| 账号信息 | 昵称 | | 简介 | |
| | 内容定位 | | | |
| | 头像 | | 封面 | |

| 姓 名 | |
|---|---|
| 班 级 | |

学习模块三　网络直播推广策划

（续表）

| ×××短视频运营方案 ||
|---|---|
| 传播渠道 | |
| 推广策略及推广方式 | |
| 观众评论互动策划 | |
| 热点话题策划 | |

引导问题14：在短视频推广的过程中，要根据不同平台的推广模式及传播属性进行推广，要利用关键流量指标来增加流量，并运用短视频加热方式，让短视频点击上热门，以此提升短视频的流量曝光。抖音流量池就是抖音平台给发布的作品推荐的观看人数。判断作品在所处流量池的表现情况，主要有＿＿＿＿＿＿、＿＿＿＿＿＿、＿＿＿＿＿＿、＿＿＿＿＿＿4个关键指标。一般完播率较高的视频都在15~30秒，发布1小时后，点赞率达到5%~10%，转发率和评论率达到1%。要提升这4个指标，可以采取以下方法：＿＿＿＿＿＿、＿＿＿＿＿＿、＿＿＿＿＿＿。

引导问题15：短视频推广通过付费的方式达到让视频上热门的效果，以将视频推荐给更多的兴趣客户，并提升视频的播放量和互动量。抖音平台的加热工具是＿＿＿＿＿＿。投放＿＿＿＿＿＿的目的有＿＿＿＿＿＿、＿＿＿＿＿＿，还有两个重要的作用是：＿＿＿＿＿＿、＿＿＿＿＿＿。

按照任务要求在抖音平台上进行短视频加热，并对视频数据进行复盘，填写短视频营销运营复盘报告（表3-20）。

表3-20　短视频营销运营复盘报告

| 一、短视频数据概况分析 |
|---|
| |
| 二、完播率分析复盘与优化 |
| |
| 三、点赞率分析复盘与优化 |
| |

# 学习模块三　网络直播推广策划

（续表）

| 四、评论率分析复盘与优化 |
| --- |
|  |
| **五、转发率分析复盘与优化** |
|  |
| **六、吸粉率分析复盘与优化** |
|  |
| **七、其他数据分析（点赞量/播放比，粉丝数/点赞比，评论数/点赞比）** |
|  |
| **八、发布后预案编写** |
|  |

## （四）直播付费推广

直播付费推广能为直播间带来巨大的曝光量，为直播间增加热点，提高直播效果。

引导问题16：常见的广告投放计费方式有＿＿＿＿＿＿、＿＿＿＿＿＿、＿＿＿＿＿＿。

表3-21　常见广告计费方式的比较

| 投放计费方式 | CPM | CPC | CPS |
| --- | --- | --- | --- |
| 定义 | 按展示付费 | 按点击付费 | 按销售付费 |
| 投放目的 | 增加直播间曝光量 |  |  |
| 优点 | 费用低、覆盖广、曝光效果好 |  |  |
| 缺点 | 不精准、难优化、对创意要求高 |  |  |

引导问题17：在制订广告出价策略时，需要注意预算，当预算充足时应注意：＿＿＿＿＿＿＿＿＿＿＿＿＿＿＿＿＿＿＿；当预算不足时应注意：

引导问题18：创建广告计划需要设置广告名称、广告目标、投放人群、投放预算、投放位置等。广告优化目标有增加观看次数、增加商品点击、增加关注。设置完成后，运营人员要对广告效果进行评估，及时调整广告策略，如图3-1所示。

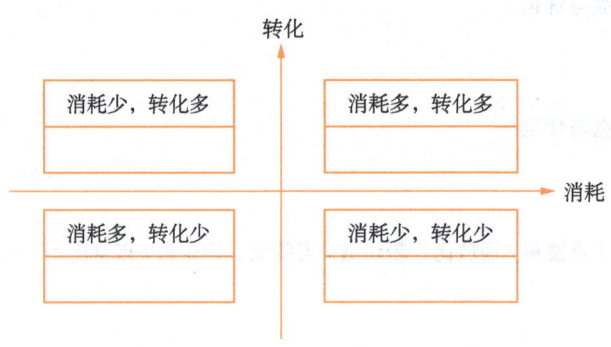

图3-1　广告投放效果评估矩阵

经过投放效果评估，要有针对性地进行调整，填写广告投放策略调整表（表3-22）。

表3-22　广告投放策略调整表

| 消耗少，转化多 | |
|---|---|
| 消耗多，转化多 | |
| 消耗少，转化少 | |
| 消耗多，转化少 | |

引导问题19：若广告效果不佳，可以针对以下几个方面进行用户定向调整：＿＿＿＿＿＿、＿＿＿＿＿＿、＿＿＿＿＿＿。

### （五）直播二次传播

电商直播是实时媒体和在线购物的结合。一场直播的观看人数和所能达到的传播效果是有限的，直播后通过互联网平台碎片化传播可以延长直播生命周期，补充和扩大直播影响力，挖掘出更多直播间的潜在消费者，也可以维护粉丝关系和增强粉丝黏性。直播运营人员和品牌负责人需要根据主播人设、产品特色选择合适的二次传播形式和传播渠道，提升直播的直接和间接影响力。

## 学习模块三　网络直播推广策划

**引导问题20**：直播二次传播的形式有_____、_____、_____。在直播结束后将直播过程中的精彩画面或片段重新剪辑,形成_____在主流媒体平台传播推广,可以让错过直播的用户了解主要内容,也能为直播间带来一定的流量,持续为商品销售转化引流。将直播主题、直播销售业绩等数据以海报的形式展现,通过突出战绩来达到宣传的目的,这种二次传播形式叫作_____。软文传播可以撰写直播资讯、直播核心观点,讲述主播个人感悟和粉丝观看体验,分享直播背后的故事,以覆盖各类目标受众,增加直播活动的曝光量和热度。视频的推广渠道有_____、_____、_____。软文推广渠道有_____、_____、_____、_____。直播结束后,针对直播热点和兴奋点与粉丝持续交流互动,也是直播二次传播的有效方式之一。

**引导问题21**：如何建立社群？如何进行社群维护？

_____

_____

_____

_____

> **提示**
>
> 建立社群时的注意事项
> （1）设置群名称、群简介、群公告、新人欢迎语,并设置入群门槛;
> （2）单个群组可以支持创建50个子群,每个子群最多可以容纳500人;
> （3）群组设置的群简介、群公告、新人欢迎语等对所有子群生效;
> （4）粉丝加群时,系统会优先将其加入群成员未满且群序号靠前的子群。

**引导问题22**：粉丝留存和刺激复购的方法有哪些？

_____

_____

| 姓 名 | |
|---|---|
| 班 级 | |

**引导问题 23：如何实现粉丝裂变与传播？**

　　根据任务要求，建立社群，把精彩短视频和直播战绩海报在社群传播，刺激粉丝复购，提高复购率。

## 五、技术移交

表 3-23　直播推广策划评分表

| 完成人 | | | 培训师 | |
|---|---|---|---|---|
| 任务编号 | 任务内容 | 总分 | 评分要点 | 得分 |
| 1 | 任务资讯 | 10 分 | 企业工单（3 分） | |
| | | | 任务分析表（7 分） | |
| 2 | 制订计划 | 20 分 | 人员分工表（5 分） | |
| | | | 工作流程表（5 分） | |
| | | | 资金预算表（5 分） | |
| | | | 任务计划表（5 分） | |
| 3 | 任务准备 | 10 分 | 推广专员工作职责表（5 分） | |
| | | | 工作准备记录表（5 分） | |
| 4 | 任务实施 | 60 分 | 直播推广方案策划表（20 分） | |
| | | | 短视频策划、脚本撰写、推广运营方案（20 分） | |
| | | | 直播付费推广渠道选择、二次传播物料设计（20 分） | |
| 总分 | | | | |

## 六、评价反馈

表 3-24　任务工作过程总评表

| 班级 | | 姓名 | | |
|---|---|---|---|---|
| 互评人 | | 指导老师 | | |
| 序号 | 评价项目 | 项目内容 | 自评（10%） | 互评（20%） | 培训师评价（70%） |

| 序号 | 评价项目 | 项目内容 | 自评（10%） | 互评（20%） | 培训师评价（70%） |
|---|---|---|---|---|---|
| 1 | 任务资讯（15分） | 任务按时完成情况（5分） | | | |
| | | 任务质量和准确性（5分） | | | |
| | | 小组成员合作面貌（5分） | | | |
| 2 | 制订计划（15分） | 任务按时完成情况（5分） | | | |
| | | 任务质量和准确性（10分） | | | |
| 3 | 任务准备（10分） | 任务按时完成情况（10分） | | | |
| 4 | 任务实施（50分） | 任务按时完成情况（15分） | | | |
| | | 任务质量和准确性（15分） | | | |
| | | 团队协作和沟通（10分） | | | |
| | | 创新点（10分） | | | |
| 5 | 技术移交（10分） | 任务按时完成情况（10分） | | | |
| | 总分 | | | | |
| | 合计 | | | | |

# 学习模块四
# 直播间装修

## 学习目标

### 知识目标

1. 掌握直播文案撰写的方法和技巧；
2. 熟悉直播场地选择、直播场地区域划分；
3. 熟悉直播间常见的硬件和软件设备，掌握物料清单的准备要求；
4. 掌握直播间标题、欢迎语、屏蔽词、快捷短语、直播间信息、高频问题回复等内容撰写的方法。

### 能力目标

1. 能够根据直播主题选择直播场地，并进行合理规划；
2. 能够根据直播间场地规划，选择合理的直播设备；
3. 能够根据直播内容要求整理物料清单，进行直播物料准备；
4. 能够为直播商品设置标题、主图、详情页等内容，完成商品信息设置。

### 素质目标

1. 培养团队合作精神，合理分工，共同配合完成直播间装修；
2. 培养严谨、专注、精益求精的工匠精神；
3. 培养创新精神和实践能力，鼓励学生不断探索设计新颖的直播间；
4. 培养分析和解决实际问题的能力，遇到问题不退缩。

## 知识导航

### 一、直播间文案撰写

#### （一）直播间标题撰写要素

直播间标题的撰写要素包括热点和目标消费者。在写直播间标题时，可以根据直播账号的目标用户，分析他们的爱好和特点，关注他们所感兴趣的内容，尽量投其所好，这样就能获得稳定的粉丝群。同时，结合当下实时发生的热点撰写标题。

##### 1. 什么是热点

热点是指当前网友广泛关注和议论的事件或话题。当直播间标题与目标用户感兴趣的热点一致时，直播间往往能够获得更高的关注。

##### 2. 哪里找热点

热门的门户网站、社交网站和网络论坛每天都会发布各种各样的新闻或话题，这些新闻或话题就是热点的来源。

##### 3. 如何判断热点有没有过时

可以借助以下网站进行关键词查询，了解该关键词的网络搜索热度。

（1）百度指数：http://index.baidu.com/v2/index.html#/；

（2）微指数：http://data.weibo.com/index；

（3）360趋势：http://trends.so.com/hot。

#### （二）直播间文案撰写的九个技巧

##### 1. 数字化

将正文的重要数据提炼到文案中。一方面可以利用简洁醒目的数据引起用户或粉丝的注意；另一方面可以有效提升用户了解直播间整体情况的效率。

##### 2. 人物化

将核心人物或者网络新闻热点人物、直播间嘉宾加入直播文案或标题中，会协助平台帮助直播间引流。

##### 3. 相关化

在用户与文案之间建立某种关联，增加用户的代入感，用户会关注与自己相关的话题，尤其是可能触及自己利益的话题。

##### 4. 体验化

通过文案为用户营造一个适当的虚拟场景。

### 5. 历程化

历程化文案基本上就是一个个独立的小故事。

### 6. 热点化

写文案时可以加入热点关键词，从而有效增加阅读量。

### 7. 神秘化

包括字面表达神秘和语义传达神秘。

### 8. 模拟化

在文案上仿照消息提醒文字，以此博人眼球。例如："[有人@你]圣诞老人来送礼，就问你要不要？"

### 9. 特殊化

通过一些特殊符号、特殊排列或者特殊字体和字形等方式来增加文案的吸引力。

## 二、直播间言论管理

### （一）直播间禁言

如有用户故意骂人、发布违禁词或敏感词等，此时就可以通过禁言限制其发表言论。

### （二）直播间踢人

如果禁言无法解决问题，就可以将其踢出直播间。

### （三）拉黑用户

拉黑用户后，会自动让对方取消关注，该用户将无法进入直播间。

### （四）设置（超级）管理员

如果直播间观看人数较多，直播时不便管理，可以选择某个人作为管理员或者超级管理员对直播间进行管理。

## 三、直播场地搭建

### （一）直播场地选择

直播的环境直接影响着用户的观看体验，一个整洁、干净的直播间能够给用户带

微课4-1：
直播场地
选择

来良好的视觉体验。直播场地的选择有室内和室外两种，场地不同，需要关注的要点也有所不同。

#### 1. 室内直播场地的要求

室内直播场地通常适合一些对光线要求较强、对细节展示要求较高的商品，如美食、美妆、服装等。如果选择室内场地作为直播间，需要考虑以下几个方面。

（1）场地的隔音效果：隔音效果好的场地能够有效避免杂音的干扰；

（2）场地的吸音效果：吸音效果好的场地有利于避免在直播中产生回音；

（3）场地的光线效果：光线效果好的场地能够有效提升直播和商品的美观度，降低商品的色差，提高直播画面的视觉效果。

#### 2. 室外直播场地的要求

室外场地比较适合直播体积或规模较大，或者需要展示货源采购现场的商品，如在码头现场挑选海鲜等。选择室外场地作为直播间时，需要考虑以下因素。

（1）室外的天气情况：如果选择在傍晚或夜间直播，则需要配置补光灯；

（2）室外场地的面积：选择场地面积不宜过大，因为在直播过程中主播不仅要介绍各类商品，还要回应用户提出的一些问题，如果场地过大，就容易让主播把时间浪费在行走上；

（3）室外场地的外观：对于室外婚纱拍摄之类的对画面美观度要求较高的室外直播来说，一定要保证室外场地的美观，而且场地中不能出现杂乱的人流、车流等。

### （二）直播场地规划

直播场地的范围可大可小，可能只是店铺的一个角落，或者是一个不大不小的场地，或者是一个面积很大的场地，但不管面积大小，直播团队都要对直播场地做好规划。下面以服装直播为例，对直播场地规划要注意的事项进行具体分析。

服装直播场地规划一般划分出 7 个区域，包括员工工作区、直播间、物流区、货源备品区、粉丝观摩区、货品准备区、服装拍摄区。

## 四、直播软/硬件配置

微课 4-2：
直播硬件
设备

### （一）选择合适的直播硬件

#### 1. 计算机

直播间的计算机配置要尽量高一些，以确保直播流畅进行，避免出现卡顿的情况。计算机分为台式计算机和笔记本电脑。台式计算机的价格相对来说比较便宜，在相同配置下性能要优于笔记本电脑，但是不便于携带。台式计算机拥有内置声卡，运行较为稳定。主播在选择台式计算机时，要选择19～25英寸的护眼系列显示器，这样不容易产生视觉疲劳。笔记本电脑的屏幕尺寸不能小于15英寸，否则会影响主播观看直播间的信息。宽屏配置可以涵盖更多功能，而且直播平台普遍支持宽屏直播。

### 2. 摄像头

如果笔记本电脑自带高清4K摄像头，主播在直播时便可以不用外接摄像头。高清摄像头的视频显示格式一般为1 080P，支持美颜功能，可以为直播带来积极的影响。单体摄像头有数字摄像头、模拟摄像头两类。数字摄像头可以将采集到的模拟视频信号转换为数字信号，并存储在计算机中。数字摄像头可以直接捕捉影像，通过数据线将这些影像直接传输到计算机中。模拟摄像头捕捉到的视频信号要经过特定的视频捕捉卡转换成数字模式，并加以压缩后才可以转换到计算机上运用。目前市场上的摄像头多为数字摄像头，并且大多数字摄像头采用USB数据传输接口，所以建议主播选用数字摄像头。

### 3. 声卡

声卡分为计算机声卡和手机声卡。一般来说，直播使用的摄像头和话筒是通用的，可以与所有计算机兼容，声卡却可能因为计算机的不同而出现不兼容的情况。

计算机声卡有内置声卡和外置声卡之分。内置声卡只能用于拥有PCI插槽的台式计算机；外置声卡既可以用于笔记本电脑，又可以通过USB接口接入台式计算机。内置声卡比外置声卡的效果更好，但最终效果也与人工调试的效果有关。有些计算机声卡综合性能较强，不仅可以外置使用，还可以内置使用，甚至能够通过转换线连接手机使用。因此，主播在购买声卡前应该详细咨询客服。

在手机直播潮流的驱动下，各种专门的手机直播设备应运而生，其中就包括手机声卡。手机声卡使用方便，可以随身携带。

### 4. 手机

通过手机进行移动直播时，手机电池的续航能力也是需要考虑的问题。在进行正式直播前，主播可以通过直播测试衡量本场直播所需耗费的电量。一般情况下，在手机电量剩余50%左右时，主播就要开始为手机充电，以保障直播不因电量原因而中断。在室外直播时，充电宝是必备的。

### 5. 支架

直播支架包含固定机位直播支架和移动机位防抖直播支架两种。固定机位直播支架又包含单台手机及多台手机固定机位支架。单台手机直播时，主播可以使用三脚架、懒人手机支架；多台手机直播时，主播可以使用多平台直播支架，支持5台以上手机同时直播。进行移动直播时，抖动会对观看效果造成影响，主播可以使用手持手机稳定器或手机防抖云台等进行防抖。

#### 6. 话筒

话筒主要有两类：一类是动圈话筒，一类是电容话筒。室内直播多选用灵敏度高的电容话筒，而室外直播多采用抗噪声能力强的动圈话筒。不同品牌、型号的话筒价格差异很大，主播可根据自身需求进行配置。此外，主播还要配备话筒支架，有桌面三角支架、悬臂支架、落地支架等可供选择。

#### 7. 灯光

主播在直播时要使用的灯光有很多种。摄影灯可以使主播的脸部看起来更柔和，主播在直播时使用两个摄影灯箱再加上两个灯泡就能达到理想效果。

除摄影灯外，直播间还要装有LED顶灯。主播在直播前要检查光源的亮度和色温。打开灯，主播站在灯下，把手掌伸到光源的侧面观察手掌的颜色。如果手掌颜色红润，说明色温合适；如果手掌呈蓝色或紫色，说明色温过高。也可以让其他工作人员通过摄像头观察主播，如果主播看起来非常亮，说明曝光过度，光源亮度太高；如果主播看起来很暗，说明曝光不足，光源亮度太低。

如果直播场地的灯光效果不是很理想，主播可以使用补光灯进行补光。主播要使用支持冷光和暖光两种类型灯光的补光灯，在使用时同时打开冷光和暖光，避免冷光造成皮肤过白，或者暖光造成皮肤过黄。

#### 8. 耳机

耳机是常用的收音设备，主要分为两种：一种是蓝牙耳机无线收音，随着越来越多的直播支持蓝牙耳机功能，主播可以使用蓝牙耳机进行辅助收音；另一种是外接线缆收音，适合对多人进行采访时使用。

#### 9. 网络

稳定的网络和较快的网络速度是直播质量和观看体验的保障。在室内直播时，主播可以使用有线网络或无线网络进行直播。使用无线网络时，主播要确保无线网络的速度和稳定性，在直播前要对直播所用手机、计算机等设备进行测试，确保直播时网络没有问题。在室外直播时，主播可以直接使用手机流量卡的流量包或移动无线设备进行直播。据测试，目前一场持续1小时的直播约需要500 MB流量。5G网络具有高速、稳定的特点，随着5G网络覆盖越来越完善，有条件的主播可以使用5G网络进行直播。

#### 10. 提词器

提词器包括主播手卡和白板。

## （二）选择合适的直播软件

直播间的搭建还需要使用直播软件，主流的直播软件为 OBS，即 Open Broadcaster Software，是一款占用资源少、配置要求相对较低的直播录制软件，以其优良的录音质量和完全免费著称。OBS 录音格式为 MP4，OBS 为主播提供了视频、图像等的捕获录制功能，用于进行直播画面和声音的处理，是一款非常专业的直播软件，其操作简单、界面清晰，能够自定义高质量的媒体推送和视频录制。

"直播伴侣"是直播平台、直播软件的辅助直播工具。"直播伴侣"可以很好地辅助直播，具备桌面音效、屏幕捕捉、画质调整、画中画、高清大屏、海量歌库、智能特效、音视频录制等功能，可以让直播变得更加顺畅。

## 五、直播间装修

### （一）直播间板块划分

用户看到的直播画面包含两类：一类是未进入直播间，通过直播广场、其他用户分享的直播间链接等途径看到的直播封面图；另一类是用户从直播平台进入直播间后所见的直播画面。后者主要包括以下几大模块：画面主体、直播公告区、贴片区、评论区、商品链接和功能区。

### （二）直播间画面的设置技巧

呈现给用户的直播间画面包括封面图、画面主体、画面景别、商品样品、贴片、直播间背景等。这些直播间画面的设置需要遵循一定的原则。

#### 1. 封面图制作要求

封面图不可有杂乱堆砌的文字、图案或表情包；封面图不可出现播放器样式和明显的黑边；封面图不可擅自使用他人肖像或拼接式的肖像图，以免侵犯他人肖像权；封面图不可使用容易引起用户不适、带不良暗示或不雅信息的图片。

#### 2. 画面主体选择

大部分的直播间均采用真人出镜的方式，将主播作为直播间的画面主体以及镜头焦点。直播团队还可以考虑对直播进行双机位甚至多机位拍摄，便于跟随直播节奏以及主播的讲解，适时展示商品细节。还有一类全程无真人出镜的直播形式，此种形式常见于销售珠宝首饰、电子产品、手工艺制品、书法作品等商品的直播间，此类直播间的画面主体为商品。

#### 3. 画面景别设置

直播间画面与电影的布景、摄影的取景原理相似，也可以分为前景、中景和后景。前景、中景和后景分别发挥不同的作用。

#### 4. 商品样品陈列

通常体积较小、需要突出外包装质感的商品，建议直播团队将其陈列于直播间的前景，如化妆品、食品、饰品、鞋类等；对于体积较大、需要突出商品整体造型的商品，则建议直播团队将其陈列于直播间的后景，如服饰、字画等。例如，如果直播间销售的商品为丝巾，主播可以将丝巾陈列在直播间后景中，便于用户看清丝巾的整体花纹并随时就感兴趣的款式进行咨询。

#### 5. 贴片的应用

贴片的核心作用是植入直播内容中带有广告性质的信息。贴片尺寸不可过大，应尽量避免遮挡主体。直播团队可以自行设计贴片的内容，也可以使用直播平台自带的装修功能进行添加。

常见的贴片摆放位置是直播画面的左侧、右侧和主播头顶上方区域，这三处的贴片多为直播间"爆款"商品或引流款商品的封面图，或是直播间优惠、福利的关键词信息，如"满300减100""全店6.8折"等。

#### 6. 直播间背景布置

对于室内直播间来说，主播可以使用简单的品牌商标作为直播间的背景墙，这样既显得直播背景干净简单，又能增强品牌感。此外，主播也可以将实体店作为直播间，以凸显直播的场量感。

### （三）直播间装修的主体元素

#### 1. 实时拍摄的视频文件

实时拍摄的视频文件是直播间装修的必备元素。如果直播团队使用实景拍摄方式，则将实时拍摄的视频文件接入播出设备即可直接使用，不需要再进行抠图操作。如果直播团队使用了绿幕技术，则需要将实时拍摄的视频文件中的直播主体画面单独抠出，并置于直播间虚拟背景的上层，完成直播基础画面的设置。

#### 2. 图片

图片元素用于装修直播间的虚拟背景，常见的图片元素有直播间背景图和贴片两种，这是所有使用绿幕技术的直播间均会添加的图片元素。直播团队可以为直播间设置各种各样的背景，配合绿幕技术，快速打造不同风格的直播间。

#### 3. 音频

音频元素用于在直播时播放音乐、增加音效、渲染直播氛围，主要由计算机自带

## 学习模块四　直播间装修

声卡以及外置声卡接入。为了保证直播时的声音效果,建议直播团队提前配置参数更高、功能更多的外置声卡。

#### 4. 视频

视频元素既可以作为直播间的背景,也可以作为直播间的直播内容。有的直播间会在主播临时离席时播放品牌或商品的宣传片,有的直播间会全程循环播放录播视频作为直播间的背景,还有一些知识分享、教学、"带货"类的直播间,会采用"录播视频+直播教学画面"的直播方式。

#### 5. 计算机屏幕页面

软件教学或游戏类直播,需要频繁展示计算机屏幕页面。因此,直播团队需要在主播与计算机屏幕中的软件或游戏操作界面之间来回切换镜头。

在以上直播间装修元素中,实时拍摄的视频文件和图片是直播间装修的两大必备元素,其他元素则根据直播的具体内容而选择添加。常见的直播平台均包含电脑端和移动端两大端口,由于直播间的装修功能较为精细和复杂,因此直播团队多是从电脑端进行直播间装修。

### 学习情境

双福福城商贸有限公司现针对"双十一"狂欢活动面向新老客户进行福利直播,作为团队负责人,你需要和团队根据直播主题、商品、活动类型,结合场地大小,规划直播间区域,布置直播场景,完成线下直播间搭建。根据直播平台规则和直播间用户的特点,设置直播间标题、欢迎语、屏蔽词、快捷短语、直播间信息、高频问题回复等内容,根据直播商品介绍,为三款直播商品编写商品标题,设置商品主图、详情页等内容,完成直播间装修。根据直播内容,整理物料清单,为直播做准备。

借阅或上网查询有关的资料,完成以下任务:

(1)认真分析任务书,完成任务分析表;

(2)制订工作计划,填写人员分工表、工作流程表;

(3)根据直播主题、商品、活动类型,结合场地大小,规划直播间区域,布置直播场景,完成线下直播间搭建,并填写资金预算表、任务计划表;

(4)根据情境资料,设置直播间标题、欢迎语、屏蔽词、快捷短语、直播间信息、高频问题回复;

（5）根据直播商品介绍，为三款直播商品编写商品标题，设置商品主图、详情页等内容，完成直播间装修；

（6）根据直播内容，整理物料清单，为直播做准备。

# 学习模块四　直播间装修

## 一、任务资讯

### （一）企业工单

企业工单见表4-1。

表4-1　直播间装修企业工单

订单编号：ZB2023120004

| 工作任务 | 直播间装修 | | |
|---|---|---|---|
| 派单企业 | 双福福城商贸有限公司 | 截止日期 | |
| 接单人 | | 负责导师 | |
| 工单描述 | 本工单依据电商直播企业的典型工作任务指定开发，主要面向直播运营岗位，培养运营专员的直播间搭建和装修能力，助其提升专业技能，积累实操经验 | | |
| 企业目标 | OKR 即目标与关键成果，是一种企业管理方式，以过程性考核为核心，关键结果"可量化、可追踪" | | |
| | 目标（Objective） | O：为"双十一"购物狂欢节搭建直播间并装修 | |
| | 关键成果（Key Result） | KR1：根据要求分析直播场地规划、确定直播间元素，完成线下直播间搭建 | |
| | | KR2：设置直播间标题、欢迎语、屏蔽词、快捷短语、直播间信息、高频问题回复，完成线上直播间基础设置 | |
| | | KR3：为三款直播商品编写商品标题，设置商品主图、详情页等内容，完成直播间商品设置 | |
| | | KR4：根据直播内容，整理物料清单，填写直播物料清单表 | |
| 工作职责 | 1. 直播间装修，明确品牌需求，协调设计与装修，跟进装修效果和进度；<br>2. 装修第一阶段交付后，与相关人员配合，调试出最佳视觉效果，及时协调装修单位调整优化；<br>3. 物料采购，装饰品、号码牌、提词板等物料准备；<br>4. 与相关人员沟通，根据直播节奏和实现效果，提前准备平板、音响、支架、推流软件等 | | |
| 工作内容 | 1. 线下直播间场景搭建；<br>2. 直播间基础信息设置；<br>3. 直播间商品信息设置；<br>4. 直播间物料清单整理 | | |
| 接单时间 | | 任务完成时间 | 部门 |

姓　名　_____
班　级　_____

## （二）任务分析表

任务分析表见表 4-2。

表 4-2　直播间装修任务分析表

| 编写人员 | | 日期 | |
|---|---|---|---|
| 学习任务 | 任务简介 | | |
| 线下直播间场景搭建 | 根据直播主题、商品、活动类型，结合场地大小，规划直播间区域，布置直播场景，完成线下直播间搭建 | | |
| 直播间基础信息设置 | | | |
| 直播间商品信息设置 | | | |
| 直播间物料清单整理 | | | |

## 二、制订计划

### （一）人员分工表

明确部门内部情境角色，如运营经理、美工专员、运营专员等，填写人员分工表（表 4-3）。

表 4-3　人员分工表

| 班级 | | 组号 | | 指导教师 | |
|---|---|---|---|---|---|
| 组长 | | 学号 | | | |
| 组员 | 姓名 | 学号 | 姓名 | 学号 | 备注 |
| | | | | | |
| | | | | | |
| 任务分工 | 角色 | 职责 | | 人员 | 备注 |
| | 运营经理 | 负责审核各专员工作，协调内部分工和进度 | | | |
| | 美工专员 | 负责商品图片处理及详情页装修 | | | |
| | 运营专员 | 负责直播间规划、直播间基础设置 | | | |

## 学习模块四　直播间装修

姓 名
班 级

### （二）工作流程表

认真阅读工作任务书，梳理任务内容，理解工作任务要求，制订工作流程，填写工作流程表（表4-4）。

表4-4　工作流程表

| 工作流程 | 具体操作要求 |
| --- | --- |
| 线下直播间场景搭建 | 根据直播间主题、商品信息、场地大小完成直播间区域规划 |
| | 确定所需硬件、软件设备，根据规划完成直播间场景搭建 |
| 直播间基础信息设置 | |
| 直播间商品信息设置 | |
| 直播间物料清单整理 | |

### （三）资金预算表

根据公司预算，填写本场直播的资金预算表（表4-5）。

表4-5　资金预算表

| 采购资金 | 活动资金 | 推广资金 | 软件购买资金 | 硬件购买资金 | 其他 |
| --- | --- | --- | --- | --- | --- |
| | | | | | |

> **提示**
> 公司本场直播预算=采购资金+活动资金+推广资金+软件购买资金+硬件购买资金+其他

### （四）任务计划表

填写任务计划表（表4-6）。

表4-6　任务计划表

| | 任务名称 | 人员 | 计划完成时间 |
| --- | --- | --- | --- |
| 线下直播间场景搭建 | 直播间区域规划设计 | | |
| | 直播间软硬件配置 | | |

姓 名
班 级

（续表）

| 任务名称 | | 人员 | 计划完成时间 |
|---|---|---|---|
| 直播间基础信息设置 | | | |
| | | | |
| | | | |
| 直播间商品信息设置 | | | |
| | | | |
| | | | |
| 直播间物料清单整理 | | | |

## 三、任务准备

上网查阅网络直播运营专员的工作职责及能力要求，填写运营专员工作职责表（表4-7）。

表4-7 运营专员工作职责表

| 工作岗位 | 运营专员 |
|---|---|
| 工作职责 | |
| 能力要求 | |

借助网络和相关学习平台，查阅直播间装修、场景搭建等相关知识点，填写工作准备记录表（表4-8）。

表4-8 工作准备记录表

| 序号 | 查阅内容 | 知识点 | 疑点 |
|---|---|---|---|
| 1 | | | |
| 2 | | | |
| 3 | | | |

学习模块四　直播间装修

## 四、任务实施

### （一）线下直播间场景搭建

引导问题1：直播间场地选择有什么要求？

_____
_____
_____
_____

引导问题2：直播间的场地分为：_____、员工区、_____、_____、货品准备区、服装拍摄区。

引导问题3：如何选择直播间的硬件设备？

_____
_____
_____
_____
_____

引导问题4：如何选择直播间的软件设备？

_____
_____
_____
_____

根据任务要求填写直播间软硬件设备选择表（表4-9）。

表4-9　直播间软硬件设备选择表

| 设备名称 | 选择设备的原因 | 设备的功能简介 | 设备的核心竞争力 |
| --- | --- | --- | --- |
|  |  |  |  |
|  |  |  |  |

（续表）

| 设备名称 | 选择设备的原因 | 设备的功能简介 | 设备的核心竞争力 |
| --- | --- | --- | --- |
|  |  |  |  |
|  |  |  |  |
|  |  |  |  |
|  |  |  |  |
|  |  |  |  |
|  |  |  |  |

表4-10　直播间设备清单实例

| 序号 | 名称 | 规格 | 数量 | 备注 |
| --- | --- | --- | --- | --- |
| 1 | 天花路伸缩吊臂 | 2米伸缩 |  | 轨道或固定 |
| 2 | 环形美颜补光灯 | 3 200 K～5 600 K 无级调光 | 1 |  |
| 3 | 柔光球补光灯 | 直径65 cm | 2 |  |
| 4 | 人像高速高亮补光灯 |  | 1 |  |
| 5 | LED聚光挡板补光灯 | 3 200 K～5 600 K 无级调光 | 2 |  |
| 6 | USB直插电容桌面麦克风 | 内置声卡<br>免驱动<br>免调试 | 1 |  |
| 7 | 便携数字声卡 | 数字声卡 | 1 |  |
| 8 | 外置声卡 | 官方免费精调 | 1 |  |
| 9 | 动圈麦克风 | 采访用 | 1 |  |
| 10 | 直播大屏一体机 |  | 1 |  |
| 11 | 直播背景拼接 | 高清无缝拼接 |  |  |
| 12 | 提词器 | 手机、单反、摄像机通用 | 1 |  |
| 13 | 路由器 | 专业竞技万兆 | 1 |  |
| 14 | 电脑 | i7处理器以上<br>独立显卡1 060以上<br>内存16 G<br>1 T固态硬盘<br>32寸显示器<br>机械键盘 | 2 |  |

## 学习模块四　直播间装修

（续表）

| 序号 | 名称 | 规格 | 数量 | 备注 |
| --- | --- | --- | --- | --- |
| 15 | UPS 不间断电源 | 在线式 | 1 | |
| 16 | 直播手机 | | 2 | |
| 17 | 直播手机三脚架 | | 1 | |
| 18 | 手机夹 | | 1 | |
| 19 | 三脚架小云台 | | 1 | |
| 20 | 落地话筒支架 | | 1 | |
| 21 | 话筒支架 | | 1 | |
| 22 | 桌面话筒架 | | 1 | |
| 23 | 耳机 | | | |
| 24 | 插线板 | | | |
| 25 | 充电宝 | 30 000 毫安 | | |
| 26 | 各种视频音频线材和转接头 | | | |
| 27 | 宽带 | 500 兆 | 1 | |
| 28 | 直播摄像头 | 360 云台 | | |
| 29 | 手机云台 | 电影级 | | |
| 30 | 导播台 | 竖屏 | 1 | |
| 31 | 单反相机三脚架转接 3/8 转 1/4 螺丝 | | | |
| 32 | 桌子 | | | |
| 33 | 椅子 | | | |
| 34 | 其他装饰 | | | |

### （二）直播间基础信息设置

引导问题 5：直播间标题撰写的核心要素有哪些？

引导问题6：什么是热点？在哪里寻找热点？

引导问题7：怎么判断热点是否已经过时？

引导问题8：直播间文案撰写有哪些技巧？分别代表什么意思？

引导问题9：直播间常用的欢迎语有哪些？

学习模块四　直播间装修

引导问题 10：如何设置直播间屏蔽词？

_____

_____

_____

_____

引导问题 11：如何设置直播间快捷短语？

_____

_____

_____

_____

根据任务要求撰写并设置直播间标题、欢迎语、屏蔽词、快捷短语，填写直播间基础设置信息表（表 4-11）。

表 4-11　直播间基础设置信息表

| 直播间文案 | 内容详情 |
| --- | --- |
| 直播间标题 | |
| 欢迎语 | |
| 屏蔽词 | |
| 快捷短语 | |

> **提示**
>
> 直播间常用欢迎语
>
> （1）欢迎宝宝们来到我的直播间，主播是直播新人，希望宝宝们能多多支持，多多捧场哟！
>
> （2）欢迎各位小伙伴们来到我的直播间，主播人美歌甜性格好，关注就像捡到宝，小伙伴们走过路过不要错过，喜欢的宝宝在哪里？

（3）欢迎××进入直播间，咦？这名字有意思/很好听，是有什么故事吗？

（4）欢迎××进来捧场，看名字应该是老乡/喜欢旅游/玩××游戏的，是吗？

（5）欢迎××的到来，我直播间第一次见到这么厉害的账号，前排合影留念啊！

（6）欢迎××回来，每次上播都能看到你的身影，特别感动！

（7）欢迎进来直播间的宝贝，不要着急马上走，主播马上表演才艺了。

（8）欢迎××进入直播间呀，茫茫人海遇见你，我会把你放心里！

## （三）直播间商品信息设置

引导问题12：直播间商品封面图设置要求是什么？

引导问题13：直播间商品主图如何设置？

引导问题14：直播间商品详情页如何设置？

## （四）直播间物料清单整理

根据任务要求填写直播物料清单表（表 4-12）。

表 4-12 直播物料清单表

| 直播主题 | |
|---|---|
| 直播时间 | 负责人 |
| 物料需求 | |
| 整体素材收集规范 | |
| 背景板 | |
| 预告图、封面 | |
| 直播切片 | |

表 4-13 直播物料清单实例

| 直播主题 | ×××零食节直播 |
|---|---|
| 直播时间 | 2023 年 8 月 17 日 20:00—22:00　　负责人　　×× |
| 物料需求 | 背景板 ×1、直播切片 ×1、预告图 & 封面 ×1 |
| 整体素材收集规范 | 素材收集内容：<br>1. 品牌商标，可以是整套 VI、PSD、AI 文件；<br>2. 产品图，主推品主视觉海报（首选）、主推品实拍图（次选）、白底图（必须有）；<br>3. 直播优惠信息、福利礼品（贴片上应用）；<br>4. 主播形象照片；<br>5. 手持 KT 板的内容（内容方向：产品大图、效果介绍、核心利益点等） |
| 背景板 | 直播样式、背景板尺寸 |
| 预告图、封面 | 筛选主推产品、实拍图或主视觉海报（产品数量以不超过 3 个为宜） |
| 直播切片 | 提供详细的直播贴片内容 |

姓 名　_____
班 级　_____

学习模块四　直播间装修

## 五、技术移交

表 4-14　直播间装修评分表

| 完成人 | | | 培训师 | |
|---|---|---|---|---|
| 任务编号 | 任务内容 | 总分 | 评分要点 | 得分 |
| 1 | 任务资讯 | 10 分 | 企业工单（3 分） | |
| | | | 任务分析表（7 分） | |
| 2 | 制订计划 | 20 分 | 人员分工表（5 分） | |
| | | | 工作流程表（5 分） | |
| | | | 资金预算表（5 分） | |
| | | | 任务计划表（5 分） | |
| 3 | 任务准备 | 10 分 | 运营专员工作职责表（5 分） | |
| | | | 工作准备记录表（5 分） | |
| 4 | 任务实施 | 60 分 | 直播间软硬件设备选择表（15 分） | |
| | | | 直播间基础设置信息表（15 分） | |
| | | | 直播间商品信息设置（15 分） | |
| | | | 直播物料清单表（15 分） | |
| | | 总分 | | |

## 六、评价反馈

表 4-15　任务工作过程总评表

| 班级 | | | 姓名 | | |
|---|---|---|---|---|---|
| 互评人 | | | 指导老师 | | |
| 序号 | 评价项目 | 项目内容 | 自评（10%） | 互评（20%） | 培训师评价（70%） |
| 1 | 任务资讯（15 分） | 任务按时完成情况（5 分） | | | |
| | | 任务质量和准确性（5 分） | | | |
| | | 小组成员合作面貌（5 分） | | | |

学习模块四　直播间装修

姓　名
班　级

（续表）

| 序号 | 评价项目 | 项目内容 | 自评（10%） | 互评（20%） | 培训师评价（70%） |
|---|---|---|---|---|---|
| 2 | 制订计划（15分） | 任务按时完成情况（5分） | | | |
| | | 任务质量和准确性（10分） | | | |
| 3 | 任务准备（10分） | 任务按时完成情况（10分） | | | |
| 4 | 任务实施（50分） | 任务按时完成情况（15分） | | | |
| | | 任务质量和准确性（15分） | | | |
| | | 团队协作和沟通（10分） | | | |
| | | 创新点（10分） | | | |
| 5 | 技术移交（10分） | 任务按时完成情况（10分） | | | |
| | | 总分 | | | |
| | | 合计 | | | |

# 学习模块五
# 直播销售与互动

## 学习目标

### 知识目标

1. 掌握暖场的形式和方法;
2. 掌握商品介绍方法与技巧,掌握直播不同阶段话术设计技巧;
3. 掌握促进不同类型粉丝成交转化的活动、策略;
4. 掌握直播危机处理的方法。

### 能力目标

1. 能够借助道具或者模特儿,现场展示商品的使用方法及效果,讲解产品时营造真实感,增强用户对商品的信任;
2. 能够匹配用户痛点与商品功能、描述商品使用场景等方式传递商品信息,激发消费者的购物欲望;
3. 能够根据脚本顺利完成一场直播,并能够预判直播活动可能出现的危机,在直播过程中采取有效的方法进行处理;
4. 能够迎合粉丝需求,建立与粉丝的信任关系,提高成交转化率。

### 素质目标

1. 培养正确积极的直播职业观;
2. 遵守互联网言论规范,严守政治纪律与规矩;
3. 直播内容符合社会主义核心价值观,弘扬正能量;
4. 培养正面、积极的心理素质与严谨的法律意识。

学习模块五　直播销售与互动

## 知识导航

### 一、直播间氛围设计和节奏把控

#### （一）暖场活动

直播暖场包括主播自我介绍、欢迎语、引导用户关注、介绍直播主题等内容，活跃直播气氛，营造良好的直播氛围。直播暖场的形式有：抽奖活动、限时限量秒杀、福利赠送等。

##### 1. 抽奖活动

要达到预期的暖场效果，抽奖活动需要在观众情绪高点去实施，观众的情绪高点很难把控，因此需要借助以下指标作为判断条件。

（1）点赞数量：直播间点赞数量达到某个指标；

（2）在线人数：直播间在线人数或人气达到某个指标；

（3）时间点：让直播间观众等待，到了某个时间点即开启抽奖。

以上做法都是为了提升直播间人气，以及增加用户的停留时长。

常见的抽奖奖品有免单资格、福利商品、红包等，常见的抽奖方式有以下两种。

（1）截屏抽奖：让观众回复关键词在评论区刷屏，通过截图方式选择中奖用户；

（2）后台抽奖：在直播间后台使用抽奖工具进行随机抽奖。

##### 2. 限时限量秒杀

用限时、限量或限价的方式，上架一两款知名品牌的常规款或爆款产品，让直播间观众进行"秒杀"。这种方式有助于快速提升直播间热点，营造直播抢购的氛围。

##### 3. 福利赠送

福利赠送的形式与抽奖类似，也经常用来配合抽奖，但福利领取的门槛更高，需要直播间观众去完成某个任务或动作才能获得领取福利的资格。常见的参与条件有以下两种。

（1）转发、评论、点赞预热视频；

（2）转发直播链接到××个群或分享链接给××名好友，关注主播，加入粉丝团。

直播团队要提前设计好领取福利的条件、参与方式，在直播间引导并鼓励观众去达成条件，但需要注意以下两点。

（1）福利赠送配合抽奖时，要尽量选择大额礼品，用来吸引消费者；

（2）如果是用来回馈粉丝，则应选择小额礼品，保证发放数量。

## （二）暖场执行

主播要做好暖场活动，以下是较为典型的直播带货的暖场执行步骤。

（1）开播时，主动介绍直播的暖场规则，尤其是抽奖、秒杀、送福利等活动，并将参与规则明确地告诉直播间观众，让观众知道怎么参与、怎么领取；

（2）强调活动力度与开始时间，并进行反复播报，营造一种紧迫感，调动参与的积极性；

（3）引导观众分享直播链接到微信群、朋友圈等；

（4）当直播间在线人数开始爬升，按照计划实施暖场活动。

## （三）暖场话术

### 1. 与福利相关

主播暖场时一般会直接表明为用户发放福利，如提及红包、优惠券、抽奖等关键词，通过这些关键词，用户获得情感上或物质上的愉悦，有助于活跃直播气氛。例如："点赞达到××人次，主播就给大家发放红包，大家赶紧动动手指。"

### 2. 与商品预告相关

主播暖场时应对直播内容有所保留，只提及商品的关键词和部分信息，引起用户的好奇心，提高期待值。例如："今天我们有大家期待已久的神秘商品返场，大家一定不要走开！""今天的价格非常优惠，大家要把握好机会。"

### 3. 暖场类话术的设计要点

（1）围绕直播主题：将直播主题以关键词的方式呈现。例如，"美妆节""零食节""母婴节"等直播主题，主播可以反复提及这些关键词，加深用户对直播间的印象。

（2）福利诱惑：设计福利诱惑的话术时可直接将折扣、优惠、免单或抽奖等相关信息展示出来，直截了当地突出商品的优惠，帮助用户快速做出购买决策。

（3）保留悬念：通常用"神秘""重磅"等词突出商品的价值。话术要保留悬念，可采取含蓄、委婉的表达方式，并选用概括性的词对商品进行大致描述，适当保留一些商品特色和福利。

## （四）话题引导

在选择话题时应遵循三个原则：①不违反平台规则及公序良俗；②不偏离直播主题、风格与营销产品；③不选择具有较高认知门槛的话题。从主播角度看，话题可主要围绕以下四点进行选择。

（1）讲故事：讲幕后故事、选品故事、与厂家合作过程等；

（2）说品牌：介绍品牌知名度、理念、荣誉成绩等；
（3）挖痛点：不断具象化描述具体的痛点场景，刺激用户；
（4）聊热点：聊近期行业、产品的热点事件。

准备好了话题，主播还需要运用巧妙的方式将话题抛出去，让观众接得上。观众的参与兴趣会随着参与方式的复杂度而逐渐衰减，因此参与方式要尽量简单。典型的互动技巧包括以下三种。

### 1. 提问式互动

例如："这款口红你们用过吗？你们觉得这个口红系列里哪个色号最好看？"

### 2. 选择式互动

例如："想要 A 款的扣 1，要 B 款的扣 2。套装 A 和套装 B 大家选择 1 款，限时 1 折。"

### 3. 刷屏式互动

例如："如果你们喜欢的话就把'想要'发在评论区。最后 10 秒，发送'××'进行抽奖。"

## （五）节奏把控

对于主播来说，直播节奏分为两种：单场直播节奏和单品直播节奏。

单场直播节奏为：破冰→暖场→爆发→预告；

单品直播节奏为：需求引导→讲解＋试用→烘托促单。

在单品直播节奏推进环节中，要重点理解用户需求引导，抓住用户的需求，找出用户购买产品后能解决的核心问题，并准确描述这个场景。具体执行中分为以下三个环节。

（1）提出用户的痛点；
（2）针对痛点得出解决方案；
（3）对产品的使用场景进行介绍。

无论是单场直播节奏还是单品直播节奏，推进方法都是相同的，具体有以下两种方法。

（1）按照时间节点推进：到了规定时间点即进入下一个产品销售；
（2）按照事件推进：就算超时也要等规划的事件结束再进入下一个产品销售。

## 二、直播产品介绍

### （一）产品讲解维度

#### 1. 产品讲解

讲解产品信息，需围绕以下两点进行。

（1）直播产品的相关专业知识，教给观众如何辨别伪劣、真假及搭配技巧等；

（2）强调产品相比同类产品的特殊性，价格、质量、舒适度等均可。

### 2. 品牌背书

介绍品牌理念、产地信息等，包括品牌创立和发展过程中有意义的新闻、重大事件、品牌创始人的故事等，重在强调品牌影响力，为直播间销售做背书。

### 3. 服务保障

介绍物流发货速度、产品的退换货条件、买家收到货的真实感受、当前已销售数量等，目的是打消观众对售后保障和产品真实性的怀疑态度。

### 4. 优惠活动

介绍优惠活动信息，重点是强调产品的直播间价格与日常售价的对比优势，以及产品在直播间的特殊促销政策等。例如："现在下单不仅享受直播间价格，还另外赠送××礼品。"

## （二）产品答疑

即便主播能将直播产品的各方面都介绍到位，但观众依然会存在各式各样的疑虑，这是不可避免的。因此，在直播带货过程中，主播要及时回应观众提出的问题，为观众做好疑问解答，因为答疑情况直接影响着部分观众的购买决策。主播答疑应当遵循以下流程：

（1）挑选问题：挑选与产品相关并能解答的问题；

（2）回复问题：参照 FAQ（Frequently Asked Questions，常见问题解答）给出回复；

（3）收集高频疑问：收集观众高频疑问，完善 FAQ。

若观众的某些问题对产品销售有着较大的影响，但主播又无法解答，主播可以采取以下措施处理。

（1）可以立刻解决的，邀请团队人员补充解答；

（2）不能立刻解决的，直接忽略问题，做好控评或选择跳过该商品的讲解；

（3）问题严重的，先安抚观众情绪，下播后再作声明回复，做好补救。

> **提示**
>
> FAQ 即常见问题解答，通过事先组织一些观众经常问到和遇到的问题，提前制订应答话术。FAQ 要经常更新，不能一成不变。

## 三、直播销售促单

### （一）直播商品展示

助播进行商品展示时，要遵循以下三个要素。
（1）能体现商品各角度的外观形象（展示）；
（2）能体现商品的使用方法（试用）；
（3）能体现商品的实际效果（真实）。

### （二）直播销售话术

#### 1. 突出价格锚点

用一个比较价格来衬托预先设置好的价格，这个预先设置好的价格就是价格锚点。促单时，主播要通过不断强调价格锚点向观众传达"买到就是赚到"的感觉。

例如，可以使用强调"优惠价＋赠品"的话术。

错误示范："今天这款包包在我直播间的价格是 699 元，同时赠送一个 50 毫升的面霜。"

正确示范："这款原价 999 元的包包，今天在我直播间的价格是 699 元，而且赠送大家价值 499 元的面霜，相当于大家付 699 元，可以买到 999 + 499 元的商品，为大家省下 799 元！"

#### 2. 制造稀缺性

"稀缺"其实就是让观众感受到"再不买就没了""机不可失"等，缩短观众的决策时间，也就是大多数人理解的"饥饿营销"。在直播促单时制造稀缺性需要做到以下两点。

（1）不断提醒观众限时限量；
（2）营造抢购的氛围。

如何塑造抢购氛围是制造稀缺性的重点，方法很简单：控制销量。所谓控制销量，就是控制公布出来的数字，在库存上体现出供不应求的表象，引导大家抢购。

## 四、直播危机处理

### （一）正确认识直播危机

直播危机可能会影响品牌的信誉和声誉。直播危机是不是意味着失败呢？并非如此，若采取有效的危机处理措施，危机有可能会变为转机，从而达到推广的目的。常见的直播危机类型有三种。

（1）由于组织行为不当引发的危机；

（2）由于媒体失实报道引发的危机；

（3）由于突发事件引发的危机。

### （二）直播中常见的问题及处理方法

直播中常见的问题及处理方法见表 5-1。

表 5-1 直播常见问题及处理方法

| 问题 | 处理方法 |
| --- | --- |
| 直播卡顿 | 提升计算机配置，保持良好的直播流畅度 |
| 直播黑屏 | 确认网络是否正常，在网络正常的情况下，检查手机软件，手动关闭直播无关软件 |
| 直播闪退 | 若手机内存不足，则需要清理手机内存，再恢复直播；若软件更新后不稳定，则重新打开程序，恢复直播；若重启后仍不能恢复直播，则反馈给平台方，寻求解决方案 |
| 产品链接失效 | 与商家进行对接，失效后让商家重新提供链接 |
| 产品优惠额度不一致 | 让观众先拍下商品，不要付款，跟商家协商，确定优惠额度 |
| 直播间观众无法加群 | 让观众检查自己的账号是不是商家身份 |
| 直播间观众互动不可见 | 有可能是观众的名称或者发言存在违规行为，耐心向观众解释，并承诺一旦收到观众留言会立即答复 |
| 直播间观众对产品不满意 | 判断商品是否真的存在问题，如果存在问题，可以保证退换货，下播后联系商家 |
| 商家问题 | 与商家协商，站在消费者的立场维护其利益 |
| 直播中遇到恶意评论 | 调整心态，管理好自己的情绪，切忌被恶意评论影响直播状态 |

## 学习情境

双福福城商贸有限公司现针对"双十一"狂欢活动面向新老客户进行福利直播，直播团队需要根据直播脚本，完成一场 120 分钟的不间断直播。在直播开场环节，主

| 姓　名 | |
| --- | --- |
| 班　级 | |

**学习模块五　直播销售与互动**

播需要主动向直播间用户问好，完成自我介绍，预告直播主题及亮点活动等，完成直播开场预热；在商品销售环节，以问题情景引入、热点引入等方式自然地引入直播商品，介绍商品属性及卖点，并配合商品细节展示，通过商品日常价格与直播价格的对比，突出促销活动的吸引力，商品上架后及时引导观众购买；在直播收尾环节，结合直播销售情况，引导观众关注直播间、致谢等，提升商品销售量、粉丝数量等指标数值。在直播过程中，主播人设特色鲜明，妆容、发型、服饰搭配适宜，表情管理到位，直播过程中能配合肢体动作，把控直播节奏，营造良好的直播氛围，不得出现不雅行为，如不文明用语或手势等。

借阅或上网查询有关的资料，完成以下任务：

（1）认真分析任务书，完成任务分析表；

（2）制订工作计划，填写人员分工表、工作流程表、任务计划表；

（3）根据直播主题、商品特点、用户定位打造主播人设，完成主播服饰和妆容设计；

（4）设计直播开场话术，完成直播开场暖场活动，营造活跃的直播间氛围，并选择合适的话题引导直播间观众进行互动，合理把控直播间节奏；

（5）依据产品特点和直播脚本，完成三款直播产品的讲解，并进行答疑；

（6）依据直播脚本和直播现场情况，借助合理的道具对商品进行展示，并运用合理的话术促使观众下单；

（7）直播过程中及时合理正确地处理各种突发事件。

## 一、任务资讯

### （一）企业工单

企业工单见表5-2。

表5-2 直播销售与互动企业工单

订单编号：ZB2023120005

| 工作任务 | 直播销售与互动 | | | |
|---|---|---|---|---|
| 派单企业 | 双福福城商贸有限公司 | | 截止日期 | |
| 接单人 | | | 负责导师 | |
| 工单描述 | 本工单依据电商直播企业的典型工作任务指定开发，主要面向直播主播岗位，培养主播直播间控场能力、直播商品介绍与展示和直播间突发事件处理能力，助其提升专业技能，积累实操经验 | | | |
| 企业目标 | OKR 即目标与关键成果，是一种企业管理方式，以过程性考核为核心，关键结果"可量化、可追踪" | | | |
| | 目标（Objective） | O：开展"双十一"购物狂欢节福利专场直播活动 | | |
| | 关键成果（Key Result） | KR1：完成直播开场暖场活动 | | |
| | | KR2：完成三款商品的直播讲解与答疑 | | |
| | | KR3：组织合理的话术完成商品的促销 | | |
| 工作职责 | 1. 负责公司官方电商平台直播，活跃直播间氛围，把控直播节奏；<br>2. 通过直播与粉丝进行互动，增加粉丝的活跃度、黏度及数量，向粉丝展示商品；<br>3. 耐心解答粉丝的咨询、疑惑，了解粉丝需求并达成销售；<br>4. 及时处理直播过程中的突发事件 | | | |
| 工作内容 | 1. 直播间氛围设计与节奏把控；<br>2. 直播产品介绍；<br>3. 直播销售促单；<br>4. 直播危机处理 | | | |
| 接单时间 | | 任务完成时间 | | 部门 |

### （二）任务分析表

任务分析表见表5-3。

姓　名　_____
班　级　_____

表 5-3　直播销售任务分析表

| 编写人员 | | 日期 | |
|---|---|---|---|
| 学习任务 | 任务简介 | | |
| 直播间氛围设计与节奏把控 | 依据策划好的直播脚本，完成直播暖场活动，营造活跃的直播氛围，选择合适的话题引导直播间观众进行互动，提升直播间观众的停留时间，合理把控直播节奏 | | |
| 直播产品介绍 | | | |
| 直播销售促单 | | | |
| 直播危机处理 | | | |

## 二、制订计划

### （一）人员分工表

明确部门内部情境角色，如运营经理、主播、助播、运营专员等，填写人员分工表（表5-4）。

表 5-4　人员分工表

| 班级 | | 组号 | | 指导教师 | |
|---|---|---|---|---|---|
| 组长 | | 学号 | | | |
| 组员 | 姓名 | 学号 | 姓名 | 学号 | 备注 |
| | | | | | |
| | | | | | |
| 任务分工 | 角色 | 职责 | | 人员 | 备注 |
| | 运营经理 | 负责审核团队成员工作，协调内部分工和进度 | | | |
| | 主播 | | | | |
| | 助播 | | | | |
| | 运营专员 | | | | |

## 学习模块五　直播销售与互动

姓　名　_____
班　级　_____

### （二）工作流程表

认真阅读工作任务书，梳理任务内容，理解工作任务要求，制订工作流程，填写工作流程表（表5-5）。

表5-5　工作流程表

| 工作流程 | 具体操作要求 |
|---|---|
| 直播间氛围设计与节奏把控 | 直播开场暖场活动，活跃直播间氛围 |
|  | 直播间话题引导，合理把控直播节奏 |
| 直播商品介绍 |  |
| 直播销售促单 |  |
| 直播危机处理 |  |

### （三）任务计划表

填写任务计划表（表5-6）。

表5-6　任务计划表

| 任务名称 |  | 人员 | 计划完成时间 |
|---|---|---|---|
| 直播间氛围设计与节奏把控 | 直播开场暖场活动，设计暖场话术 |  |  |
|  | 直播间话题引导，设计引导话题 |  |  |
| 直播商品介绍 |  |  |  |
| 直播销售促单 |  |  |  |
| 直播危机处理 |  |  |  |

### 三、任务准备

上网查阅网络直播主播的工作职责及能力要求，填写网络主播的工作职责表（表5-7）。

姓　名 _____

班　级 _____

学习模块五　直播销售与互动

表5-7　网络主播工作职责表

| 工作岗位 | 网络主播 |
|---|---|
| 工作职责 | |
| 能力要求 | |

借助网络和相关学习平台，查阅直播间互动、危机处理等相关知识点，填写工作准备记录表（表5-8）。

表5-8　工作准备记录表

| 序号 | 查阅内容 | 知识点 | 疑点 |
|---|---|---|---|
| 1 | | | |
| 2 | | | |
| 3 | | | |

## 四、任务实施

### （一）直播间氛围设计与节奏把控

良好的开端是成功的一半，直播暖场活动非常重要。在直播开始前，直播运营人员要提前设计好直播开场暖场活动，营造良好的直播间氛围。在直播过程中主播要根据直播主题和热点制造话题，提高观众的参与感，提升观众互动频次，增加观众停留时长。

引导问题1：带货直播间典型的开场暖场形式有_____、_____、_____。抽奖活动是为了提升直播间人气，增加观众的停留时长，需要在观众情绪高点去实施，情绪高点的判断一般有三类：_____、_____、时间点。常见的抽奖奖品有：_____、_____、_____。常见的抽奖形式有：_____、_____。限时限量秒杀有助于快速提升直播间热点，营造直播抢购的氛围。福利赠送常见的参与条件有：_____、_____。

引导问题2：如何实施暖场活动？步骤是什么？

_____

_____

## 学习模块五　直播销售与互动

**引导问题3：**直播间话题设计应该遵循什么原则？

**引导问题4：**常见的直播话题互动技巧有哪些？

**引导问题5：**从主播角度，话题可以围绕_____、_____、_____、_____四个角度展开。

**引导问题6：**主播根据直播脚本，合理把控直播节奏，直播节奏大致分为单场直播节奏和单品直播节奏。单场直播节奏是_____、_____、_____、_____。单品直播节奏是_____、_____、_____。无论是单场直播节奏还是单品直播节奏，推进方法都是相同的，具体有两种方法：按照时间推进和按照事件推进。

表5-9　按照时间推进直播节奏示例

| 时间 | 事件 |
| --- | --- |
| 开播前10分钟 | 暖场活动 |
| 开播后10～60分钟 | 商品讲解与展示 |
| 开播后60～80分钟 | 与观众互动 |
| 开播后80～110分钟 | 抽奖送福利 |
| 开播后110～120分钟 | 下场直播预告 |

姓 名 _____
班 级 _____

学习模块五　直播销售与互动

根据任务要求设计直播开场话术，完成直播开场暖场活动，营造活跃的直播间氛围，并选择合适的话题引导直播间观众进行互动，合理把控直播间节奏，填写表5-10、表5-11。

表5-10　暖场话术设计

| 暖场话术设计 | |
|---|---|
|  |  |

表5-11　直播话题准备

| 直播话题 | 话术 |
|---|---|
|  |  |
|  |  |
|  |  |
|  |  |

### （二）直播商品介绍

直播商品介绍能够体现主播的专业化水平，优秀的商品介绍可以顺应观众需求，引起观众的关注，促使商品成交。在介绍商品时，主播要抓住观众想要的和想听的，营造多个商品使用场景，重点讲解商品卖点，讲明售后服务，让观众放心购买。

引导问题7：直播介绍中，哪些内容是观众想要的或者想听的？

_____

_____

_____

_____

学习模块五　直播销售与互动

姓名
班级

引导问题8：如何营造商品的使用场景？

引导问题9：如何讲解商品的售后服务？

引导问题10：主播要能够通过直播间向观众介绍有价值的商品，让观众认为物有所值，更好地引导观众下单购买，以价值输出提升影响力的方法主要包括哪些方面？

引导问题11：直播报价时，主播需要掌握一定的报价技巧，既能够让观众认为自己捡到了便宜，又能够促进观众下单，从而提高成交率。如何以商品报价来提升成交率？

| 姓 名 | |
|---|---|
| 班 级 | |

学习模块五　直播销售与互动

根据任务要求完成直播商品讲解框架设计,填写××商品介绍框架设计表(表5-12)。

表 5-12　　××商品介绍框架设计表

| 讲解维度 | 话术设计 |
|---|---|
| 产品讲解 | |
| 品牌背书 | |
| 服务保障 | |
| 优惠活动 | |

表 5-13　　直播商品介绍框架设计实例

| 讲解维度 | 话术设计 |
|---|---|
| 产品讲解 | 商品的专业知识,教给观众如何辨真假、如何搭配、如何化妆等,强调产品相比同类产品的优势,如价格、质量等 |
| 品牌背书 | 介绍品牌理念、产地信息、品牌创始人故事、品牌发展史等,强调品牌故事,建立观众信任感 |
| 服务保障 | 介绍物流发货速度、产品的退换条件、买家的真实感受等,打消观众对售后服务和商品真实性的怀疑 |
| 优惠活动 | 介绍优惠信息,重点强调直播间价格与日常销售价格的对比优势,以及产品在直播间的特殊促销政策等,促进观众下单 |

引导问题 12:在主播介绍产品时,观众或多或少地都会存在一些疑问,主播应该重视观众的疑问,及时回答。主播答疑时应当遵循什么流程?

引导问题 13:如果主播遇到无法回答的问题,主播应该如何处理?

学习模块五　直播销售与互动

姓　名
班　级

> **提示**
>
> 下面列举几种观众常提出的问题及应对措施。
> 问题1：××号链接产品和实际发货的一样吗？
> 应答技巧：复述问题并给出证据。
> 答疑话术：保证收货与直播一致，官方正品，假一赔三，有问题随时可以退换货。
> 问题2：××产品有什么优惠吗？
> 应答技巧：明确流程。
> 答疑话术：提问优惠的××（观众ID），现在关注主播即可领取10元优惠券，下单满120元还减30元。

表5-14　××商品答疑设计表

| 问题 | 答疑话术 |
| --- | --- |
|  |  |
|  |  |
|  |  |
|  |  |

### （三）直播销售促单

直播中，为了提高商品销量，直播助理人员需要根据商品卖点，独自或者借助道具、模特儿来配合主播展示商品，抓住消费者心理，合理利用促单技巧，提高直播间销售量。

引导问题14：直播商品展示要遵循哪些要素？

引导问题 15：直播商品展示时要注意哪些内容？

根据任务要求设置商品合理的展示方式，填写 ×× 商品展示方式表（表 5-15）。

表 5-15  ×× 商品展示方式表

| 展示方式 | 操作要求 |
| --- | --- |
|  |  |
|  |  |
|  |  |
|  |  |

引导问题 16：直播单品销售的最后一个环节是烘托促单，烘托促单的核心就是话术，在促单话术上典型的有两种：_____、_____。

引导问题 17：在直播时如何制造稀缺感？

根据任务要求设置价格锚点，设计促单话术，填写 ×× 商品促单话术表（表 5-16），完成直播下单引导。

## 学习模块五　直播销售与互动

姓　名
班　级

表 5-16　×× 商品促单话术设计表

| 促单话术 |
|---|
|  |

> **提示**
>
> 常见的促单话术
>
> （1）"如果你喜欢去商场买衣服，但是又不舍得花钱，今天这个钱，我帮你出，你们负责喜欢，我来帮你们省钱。"
>
> （2）"我给你们都安排了运费险，收到货，穿一穿，不满意直接退，你们不会有一分一毫的损失。"
>
> （3）"我不知道你们有没有经常网购东西，如果你怕被骗，听我说，今天你在我直播间停留，证明都对我们的东西有兴趣，我们也不会让大家失望，有一分一毫损失，不仅安排上运费险，而且假一罚三都安排上。"
>
> （4）"我不能保证你们收到货每一件都没有质量问题，但是我可以保证有任何质量问题退换货运费我出。"
>
> （5）"贵的衣服只有在买的一刻是心疼的，往后你越看越喜欢，越穿越自信，你一定不会觉得'早知道就不买了'，有人愿意花费几万块钱为自己量身定制衣服，就是为了显气质。"
>
> （6）"你们刷到我不是偶然，而是必然，你我的遇见一定是有缘。我试穿不如你自己买回去试穿，收到试一下有没有变好看，觉得值就留下。"
>
> （7）"所有上午拍的宝宝下午就给大家发货，记得6点前下单，再晚快递就不接单了，今天不拍明天又要多等两天了。"
>
> （8）"这个款就只有30件了，如果这款有几百件库存我一定会卖200多元，但是已经断库存了，直接当作送给粉丝的福利品卖了，来，直接改价199元，再减100元。"
>
> （9）"来直播间的姐姐们，直接点我们1号链接，看看大家给我们的评价就知道了，不是好品质，就做不到这些，我们是做口碑的直播间，大家放心去拍。"

### （四）直播危机处理

直播中，即便准备得再充分，都有可能遇到危机，这对主播是一个非常大的考验，需要主播具备超强的随机应变能力。除此之外，也需要直播团队做好处理各类危机的应急预案。

引导问题 18：常见的直播危机有哪些类型？直播危机的特点是什么？

引导问题 19：直播硬件可能会遇到哪些问题？该如何处理？

引导问题 20：直播软件可能会遇到哪些问题？该如何处理？

引导问题 21：直播中遇到"黑粉"该如何处理？

## 学习模块五　直播销售与互动

> **提示**
>
> 最常用、最有效的处理不良情绪的方法
> （1）理性应对：在直播中主播要快速恢复理智，正视问题，理性沟通；
> （2）换位思考：主播可以尝试换位思考，体谅观众的情绪，安抚观众；
> （3）转移注意力：当主播遇到恶意攻击时，可以迅速转移话题，或者选择忽视；
> （4）保持微笑：主播应随时保持微笑，用笑容感化观众。

根据任务要求，完成直播应急预案编制，填写直播危机处理方案表（表 5-17）。

表 5-17　直播危机处理方案表

| 问题 | 处理方法 |
| --- | --- |
| 直播卡顿 | |
| 直播黑屏 | |
| 直播闪退 | |
| 产品链接失效 | |
| 产品优惠额度不一致 | |
| 直播间观众无法加群 | |
| 直播间观众互动不可见 | |
| 直播间观众对产品不满意 | |
| 商家问题 | |
| 直播中遇到恶意评论 | |

## 五、技术移交

表 5-18　直播销售与互动评分表

| 完成人 | | | 培训师 | |
| --- | --- | --- | --- | --- |
| 任务编号 | 任务内容 | 总分 | 评分要点 | 得分 |
| 1 | 任务资讯 | 10 分 | 企业工单（3 分） | |
| | | | 任务分析表（7 分） | |

姓　名　_____
班　级　_____

学习模块五　直播销售与互动

（续表）

| 任务编号 | 任务内容 | 总分 | 评分要点 | 得分 |
| --- | --- | --- | --- | --- |
| 2 | 制订计划 | 15分 | 人员分工表（5分） | |
| | | | 工作流程表（5分） | |
| | | | 任务计划表（5分） | |
| 3 | 任务准备 | 15分 | 工作职责表（5分） | |
| | | | 网络主播工作职责表（5分） | |
| | | | 工作准备记录表（5分） | |
| 4 | 任务实施 | 60分 | 直播间暖场与节奏把控（15分） | |
| | | | 直播商品介绍（15分） | |
| | | | 直播销售促单（15分） | |
| | | | 直播危机处理（15分） | |
| | | 总分 | | |

## 六、评价反馈

表 5-19　任务工作过程总评表

| 班级 | | | 姓名 | | |
| --- | --- | --- | --- | --- | --- |
| 互评人 | | | 指导老师 | | |
| 序号 | 评价项目 | 项目内容 | 自评（10%） | 互评（20%） | 培训师评价（70%） |
| 1 | 任务资讯（15分） | 任务按时完成情况（5分） | | | |
| | | 任务质量和准确性（5分） | | | |
| | | 小组成员合作面貌（5分） | | | |
| 2 | 制订计划（15分） | 任务按时完成情况（5分） | | | |
| | | 任务质量和准确性（10分） | | | |
| 3 | 任务准备（10分） | 任务按时完成情况（10分） | | | |

学习模块五　直播销售与互动

（续表）

| 序号 | 评价项目 | 项目内容 | 自评（10%） | 互评（20%） | 培训师评价（70%） |
|---|---|---|---|---|---|
| 4 | 任务实施（50分） | 任务按时完成情况（15分） | | | |
| | | 任务质量和准确性（15分） | | | |
| | | 团队协作和沟通（10分） | | | |
| | | 创新点（10分） | | | |
| 5 | 技术移交（10分） | 任务按时完成情况（10分） | | | |
| 总分 | | | | | |
| 合计 | | | | | |

# 学习模块六
# 网络直播复盘

## 学习目标

### 知识目标

1. 了解直播数据采集的平台;
2. 掌握直播数据分析的指标;
3. 掌握直播电商运营数据用户画像、流量数据、转化数据分析的方法和技巧;
4. 掌握直播数据复盘和运营诊断的方法。

### 能力目标

1. 能够对直播账号进行运营数据指标分析;
2. 能够进行直播账号用户画像、流量数据、转化数据分析;
3. 能够开展直播运营数据复盘;
4. 能够进行直播运营数据诊断;
5. 能够提出直播优化方案。

### 素质目标

1. 培养在互联网中维护社会主义核心价值观的意识;
2. 培养良好的团队合作精神和沟通能力,团队合作完成直播复盘活动;
3. 培养分析和解决实际问题的能力,遇到问题不退缩;
4. 培养数据保密意识,合法合规地使用和管理数据;
5. 培养诚实公正的数据意识,严守政治纪律与规则。

学习模块六　网络直播复盘

## 知识导航

微课6-1：
直播复盘
流程

### 一、直播复盘流程

直播复盘是直播结束后的数据分析和经验总结。直播复盘的流程是目标回顾—原因分析—结果评估—总结规律。

### 二、直播数据采集

#### 1. 数据采集的对象

数据采集的对象包括数据、业务数据和行为数据。

#### 2. 数据采集的平台

在直播数据采集方面，有许多工具和平台软件可供选择。这些平台和软件提供了直播数据分析、报告生成、趋势监测等功能，可以帮助用户更好地理解和利用直播数据。

以下是一些国内常用的直播数据分析平台和软件。

（1）数据宝：腾讯公司旗下的数据分析平台，提供直播数据分析和报告生成功能；

（2）百度指数：百度提供的数据分析平台，可用于分析直播的搜索指数、关键词热度等数据；

（3）新榜：提供直播数据分析和监测服务，覆盖了多个直播平台的数据报告和排行榜；

（4）数据魔方：淘宝提供的数据分析平台，也提供了直播数据分析的功能；

（5）微指数：微博提供的数据分析平台，可用于分析直播相关话题的热度、讨论量等指标；

（6）阿里云数加：阿里云提供的数据分析平台，提供直播数据分析和处理的解决方案；

（7）京东大数据：京东提供的数据分析平台，可用于分析直播产品的销售数据、用户行为等。

无论选择哪种工具或平台软件，重要的是根据自己的需求和预算选择适合的工具，并确保它们能够提供所需的数据和分析功能。同时，要确保在数据采集过程中遵守相关的隐私和数据安全规定。

## 三、直播数据分析

### （一）直播间相关指标分析

直播间相关指标见表 6-1。

表 6-1 直播间相关指标

| 指标 | 公式 |
| --- | --- |
| 净利润率 | 净利润 ÷ 直播销售额 |
| 直播销售额 | 流量 × 转化率 × 客单价 |
| 转化率 | 购买产品数量 ÷ 观众数量 ×100% |
| 客单价 | 总销售额 ÷ 购买产品数量 |
| 观众增长率 | （本期观众数量 − 上期观众数量）÷ 上期观众数量 ×100% |
| 观众留存率 | （当前观众数量 − 新观众数量）÷ 上期观众数量 ×100% |
| 观看时长 | 直播间总观看时间 |
| 平均观看时长 | 观看时长 ÷ 观众数量 |
| 观众互动率 | 互动次数 ÷ 观众数量 ×100% |
| 平均互动次数 | 互动次数 ÷ 观众数量 |
| 礼物赠送金额占比 | 礼物赠送金额 ÷ 直播间总收益 ×100% |
| 直播间盈利能力 | 直播间总收益 − 直播间总成本 |

### （二）转化率漏斗

直播转化率漏斗是一种用于分析和跟踪用户在直播过程中的转化情况的工具，它可以帮助企业了解用户在不同阶段的行为和转化率，并识别可能的瓶颈和改进机会。直播转化率漏斗通常包括以下阶段。

（1）观众进入直播间：这是指观众开始观看直播的阶段，可以通过进入直播间观众的数量来衡量；

（2）互动与留存：这是指观众在直播过程中的互动和留存情况，如发言、点赞、评论、关注主播等，这些互动和留存活动可以反映观众对直播内容的兴趣和参与程度；

（3）转化为购买或行动：这是指观众在直播过程中进行购买或执行其他行动的阶段，可以是观众购买产品、参与活动、填写调查问卷等。

转化率漏斗模型如图 6-1 所示。通过跟踪每个阶段的转化率，企业可以了解观众在直播过程中的行为和转化情况。例如，他们可以了解哪个阶段的转化率较低，是否有观众在留存和互动阶段流失，以及有多少观众最终转化为购买者或执行其他行动。

这种数据分析可以帮助企业了解直播过程中的用户参与度、转化效果和盈利能力，从而指导他们优化直播内容、改善用户体验，提高转化率和业绩。

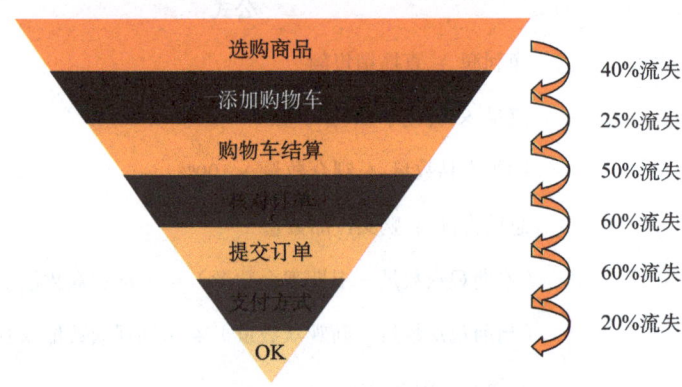

图 6-1 转化率漏斗模型

## （三）直播间核心指标分析

微课 6-2：直播数据分析常用指标

带货直播间的核心数据指标分为四大类：人气指标、互动指标、商品指标和交易指标。人气指标反映的是直播间的流量，互动指标反映的是直播间的内容指标，商品指标反映的是商品的兴趣，交易指标反映的是直播间的变现能力。

带货直播间用户购买路径：点击进入直播间—直播间互动—商品点击—下单购买—售后服务—评价分享，如图 6-2 所示。

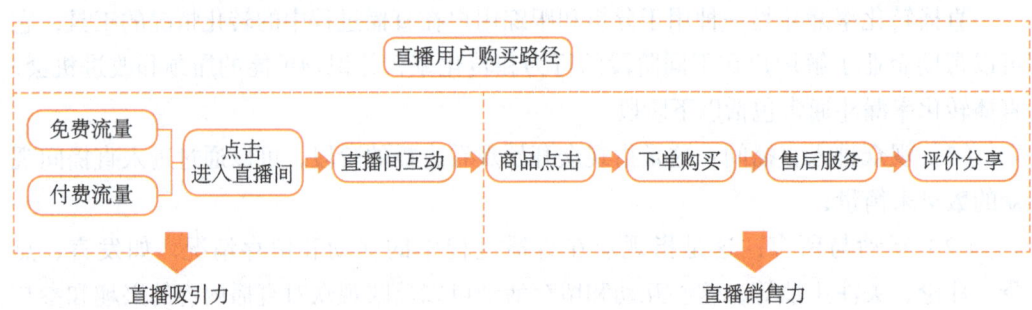

图 6-2 直播用户购买路径分析

## 学习模块六　网络直播复盘

### 1. 人气指标

直播间人气指标主要包括直播间曝光次数、观看人次、观看人数、在线人数、单场观看量、人气峰值、平均在线人数、直播间点击率和用户留存率等。

带货直播间的人气指标主要反映的是直播间的第一视觉，也就是直播间的曝光进入转化率，通常体现在直播间观看人数上。

（1）直播间曝光次数是指直播间的曝光次数，主要分为免费推荐次数和付费推荐次数。

（2）观看人次（Page View, PV）是指进入直播间的总人次，是对各个流量渠道的流量规模、流量的效率进行分析的核心指标。如果一个人反复进入直播间，就会导致 PV 数值的上升。

（3）观看人数（Unique Vistors, UV）是指观看直播的人数，是对直播间的运营进行分析的核心指标。累计观看人数是指直播间中观看人数的总量。

UV 价值是指每个进入直播间的人带来的成交金额，UV 价值 = 直播交易额 ÷ 直播单场观看量。UV 价值越高，代表单个观众对直播间的价值贡献越高；相对地，UV 价值越高，平台也会更愿意给这样的直播间推流。因此，UV 价值对于直播团队而言是一个重要指标。

（4）在线人数即平均在线人数（Average Concurrent Users, ACU），指同一时间点观看直播间的观众人数。在线人数是衡量直播间人气的重要指标。

（5）单场观看量简称"场观"，即一场直播到底有多少人观看过直播间。

（6）人气峰值是指单场直播中最高人气数据，即直播间页面右上角实时显示的在线人数最多时的数据。最高在线人数主要用来分析带货直播间获取流量的最大能力。

（7）平均在线人数是指直播间中每分钟平均在线人数，用于分析带货直播间承接流量的核心能力。

（8）直播间点击率是指直播间点击人数（累计观看人数）与直播间曝光人数之比。

（9）用户留存率是指直播过程中的观众与结束后回放直播的观众之间的比例。高用户留存率表示观众对直播内容有持续关注和互动。

### 2. 互动指标

直播间互动指标主要分为人均观看时长、互动率、增粉率、加团率和粉丝转化率。

（1）人均观看时长是指观众在直播间平均停留的时长。观众的停留是最基础的互动前提，是衡量主播控场能力的重要指标之一。直播间人均观看时长越长，直播间商品转化率就越高。影响直播间人均观看时长的关键因素有主播表现力、控场节奏、直播话术、定时福利、互动状况等，主要和主播能力有关，想要提高人均观看时长，就需要主播学会精炼话术。

（2）互动率是指进行点赞、评论、分享等行为的观众和总观看人数之比，互动率体现的是用户对直播内容的喜欢程度。

（3）增粉率和加团率反映的是直播间最终所得到的粉丝的能力。做内容的最终目标就是获取粉丝，加团是比增粉更加被观众认可的行为。

（4）粉丝转化率是指新增粉丝与观众总数的比值，也叫"转粉率"，是直播期间转化新粉的能力，体现的是直播间整体对于陌生观众的吸引力。

### 3. 商品指标

直播间商品指标反映的是观众对商品的兴趣，商品指标分为商品展示次数、商品点击次数、商品点击率。

（1）商品展示次数是指商品展示给观众的次数，它可以直观体现商品是否受欢迎，是否符合观众需求。商品展示次数与主播讲解、商品标题、封面、价格、详情页等因素都有关。因此，想提高商品展示次数，需要先做好物料的设计。

（2）商品点击次数是指观众实际点击商品的次数。如果商品展示次数为1 000，商品点击次数为10，那说明主播的引导力和货品的吸引力都存在着一定问题，要考虑优化方案。出现这样的问题还有一种原因，就是品牌账号的粉丝群体与直播间产品的消费群体不匹配，需要注意账号的日常运营工作。

（3）商品点击率的数字对于品牌机构来讲要在10%～20%，就是有100个观众点击了商品链接，就要有10～20个观众进行了下单购买。商品点击率反映的是品牌直播间运营的能力。

### 4. 交易指标

直播间交易指标反映的是直播间整体的变现效率，里面有两个核心点，分别是看播成交转化率和客单价。如果按次数来看，看播成交转化率结合客单价得到的是总支付额（GPV）的指标；如果按人数来看，看播成交转化率结合客单价得到的是UV价值。

（1）GMV是Gross Merchandise Volume的缩写，意为交易总额，即直播间交易总金额，实际指的是拍下订单金额，包含付款和未付款的部分，所以一般GMV值大于实际销售额。客单价指平均每个顾客的成交额，计算方法是：客单价=GMV÷直播间有消费的顾客总数。

直播间的商品客单价与商品价格密切相关。一般来说，成熟的直播间会出现商品价位两极化的情况，低客单价商品负责引流，贡献主要销量，而高客单价商品则负责利润，贡献主要销售额。

（2）ROI是Return On Investment的缩写，意为投资回报率。直播间ROI的计算方法是：ROI=销售额÷坑位费。一般分为"综合ROI"和"投放ROI"两种。

综合 ROI ＝ 销售额 ÷ 单场投入成本费用

投放 ROI ＝ 因投放而产生的销售额 ÷ 单场投放成本

直播渗透率 ＝ 因直播而产生的销售额 ÷ 当天总销售额

（3）转化率（CVR）是指直播间成交的订单数量和进入直播间观看的人数之比，是直播间重要指标之一。

自然流量转化率 ＝ 通过自然流量产生的订单数 ÷ 自然流量观看数。自然流量转化率剔除了付费流量的影响，仅针对直播间自然流量产生的转化进行评估，最能反映直播间运营能力。单品转化率为后期选品、排品提供参考，整体转化率则影响后期平台是否给直播间推自然流量。

（4）GPM 指直播间平均每一千个观众下单的总金额，常用来衡量直播间的卖货能力。

（5）CPC 是 Cost Per Click 的缩写，意为每次点击费用，即点击单价。

## 四、直播方案优化

### （一）直播"人、货、场"的优化

在直播行业及商业环境中，有个重要的概念叫作"人、货、场"，它们分别代表了直播间的观众（人）、商品（货）、场景（场）三个方面。优化直播间需要从这三个角度综合考虑。

#### 1. 人

观众是直播间的核心，优化直播间要关注观众的需求和体验。直播团队可以通过数据分析和用户调研，了解观众的兴趣、喜好和购买行为，为他们提供更符合需求的内容和商品。同时，关注观众留言和评论，及时回复和解答问题，提供优质的用户服务，并提高直播团队的专业度和互动能力，增强与观众的沟通和互动，提升观众的参与度和留存率。

#### 2. 货

商品是直播间的核心内容，优化直播间要关注商品的品质和呈现方式。直播团队要精选优质商品，确保货品质量和售后服务，提升观众的购买意愿和信任度。同时提供多样化的商品选择，满足不同的观众需求和购买能力，对直播间的产品做好引流款、形象款、利润款等产品价值定位分类。针对产品，要制订合理的价格策略和促销活动，吸引观众购买，并合理地选择呈现方式与直播互动形式。

微课 6-3：
直播运营
相关概念

### 3. 场

场景是直播间的环境和氛围，优化直播间要关注对场景的营造和对氛围的营造。直播团队首先要设计专属的直播间背景和布置，营造与商品风格相符合的主题氛围，提升用户"视觉场"；提供良好的视听效果，确保直播画面的清晰度和音频的质量，提升观众的观看体验，提升用户"听觉场"；同时，优化直播间的布局和互动方式，提供便捷的购买链接和互动功能，方便观众的参与和购物，直击观众对产品的需求及痛点，打通观众内心的"心里场"。总之，可以通过设计直播间的场景尽可能地调动观众的各类感官，引发观众的情感共鸣，做到由耳由眼入脑入心。

通过综合优化人、货、场这三个方面，可以提高直播间的用户体验和购买转化率。主播不仅要关注直播内容和商品质量，还要注重观众的参与和互动，以及直播间的环境营造。只有在这三个方面都做到优化，才能打造一个成功的直播间，吸引更多观众参与和购买。

直播间人、货、场各要素的相互作用如图 6-3 所示，除了从人、货、场的单一要素来考虑如何提升直播间数据之外，还应当考虑各要素之间的相互作用。只有将人、货、场中的各个要素打通，才能真正实现直播数据的优化。

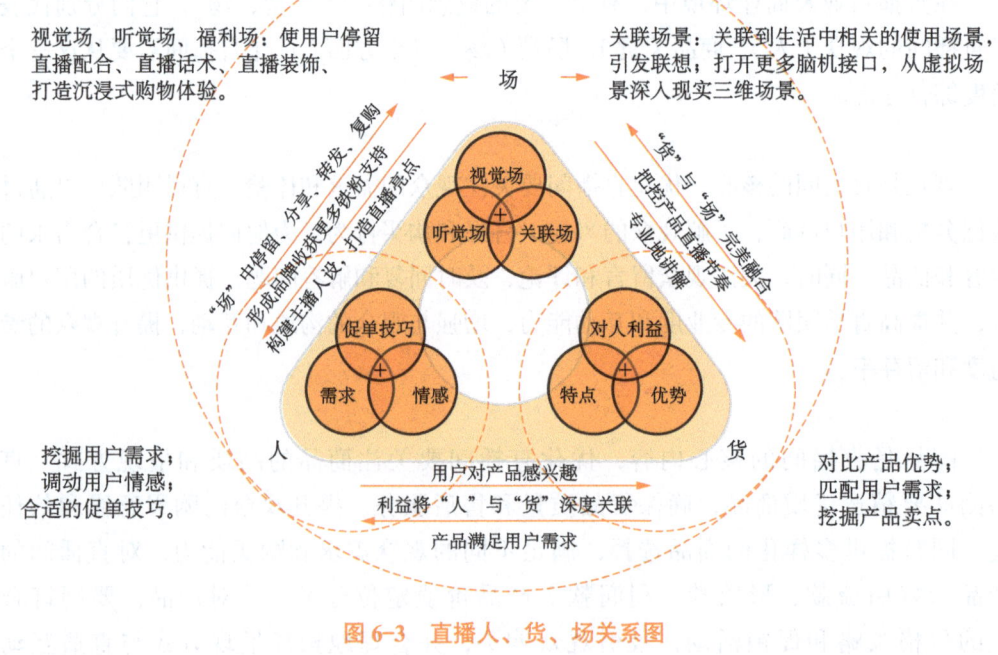

图 6-3 直播人、货、场关系图

## （二）直播节奏及问题诊断

把握直播逻辑及直播节奏至关重要，只有把握了正确的节奏，才能更好地引导直播间观众的行为，使直播数据达到想要的结果。带货直播的大致直播节奏及框架如图6-4所示。

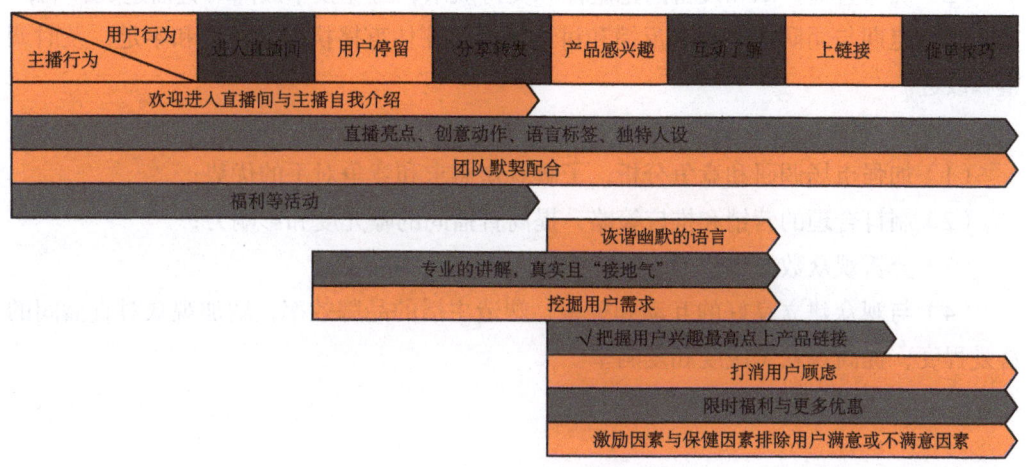

图6-4 直播逻辑及问题诊断

## （三）直播数据优化措施

当直播间的数据不理想时，可以分别从直播选品优化、直播内容优化和直播执行优化三个方面来综合考虑。

**1. 直播选品优化**

（1）以用户为中心，重新评估目标受众需求，确保选品与目标受众的兴趣和需求相符合；

（2）与供应商加强沟通和合作，寻找更具竞争力和独特性的商品，保证商品价格的货源优势；

（3）通过数据分析，根据市场趋势和竞争情况，调整选品策略，确保商品与市场需求相契合，并不断完善及淘汰直播商品结构。

**2. 直播内容优化**

（1）提高直播内容的创意度和质量，制订更有吸引力的主题和节目内容，增长观众的直播停留时长，吸引更多流量及粉丝；

（2）加强内容制作和准备工作，确保直播内容的流畅度和专业性，保证直播内容的高质量。

（3）优化直播间的互动方式、把握直播节奏，增强对直播间观众的引导行为，鼓励观众参与互动，提高观众留存率和购买转化率。

**3. 直播执行优化**

（1）加强主播的培训和指导，提升主播的直播及互动能力；

（2）确保直播技术和设备的稳定性和支持效果，避免技术故障对直播造成影响；

（3）定期与团队成员开展反馈和讨论，共同评估直播执行的优点和不足，及时调整和改进。

**4. 其他措施**

（1）加强市场调研和竞争分析，了解观众需求和竞争对手的优势；

（2）制订合理的营销和推广策略，提高直播间的曝光度和影响力；

（3）分析观众数据和行为，寻找潜在的优化点和机会；

（4）与观众建立良好的互动和关系，塑造主播的品牌效率，增加观众对直播间的喜爱程度，提高观众忠诚度和复购率。

## 学习情境

直播结束并不是一场直播活动的终点，直播团队还要对整场直播活动进行复盘。通过复盘，直播团队可以找出直播过程中的优点和缺点，充分发挥优点，及时弥补直播过程中的不足之处。因此，直播复盘对于直播团队而言是非常重要的一项工作。

双福福城商贸有限公司"双十一"狂欢活动福利直播已经结束，作为团队负责人，你需要对本次直播活动进行复盘，收集分析流量、销售、用户等相关数据，评估直播整体效果；根据数据分析结果，提炼直播及推广的亮点与不足，形成直播优化方案。

借阅或上网查询有关的资料，完成以下任务：

（1）认真分析任务书，完成任务分析表；

（2）制订工作计划，填写人员分工表、工作流程表、任务计划表；

（3）收集整理直播数据，统计完成直播数据表；

（4）对统计的直播数据表进行多维度分析，完成直播效果分析表，形成一份直播数据效果分析报告；

（5）根据数据分析报告，找出直播中存在的问题，制订直播优化方案。

# 学习模块六　网络直播复盘

姓　名
班　级

## 一、任务资讯

### （一）企业工单

企业工单见表6-2。

表6-2　网络直播复盘企业工单

订单编号：ZB2023120006

| 工作任务 | 网络直播复盘 | | |
|---|---|---|---|
| 派单企业 | 双福福城商贸有限公司 | 截止日期 | |
| 接单人 | | 负责导师 | |
| 工单描述 | 本工单依据电商直播企业的典型工作任务制订开发，主要面向直播运营、直播数据分析岗位，培养运营人员的直播数据收集、整理、分析、优化能力，助其提升专业技能，积累实操经验 | | |
| 企业目标 | OKR 即目标与关键成果，是一种企业管理方式，以过程性考核为核心，关键结果"可量化、可追踪" | | |
| | 目标（Objective） | O：撰写"双十一"直播策略优化方案 | |
| | 关键成果（Key Result） | KR1：收集整理直播数据，统计完成直播数据表 | |
| | | KR2：分析直播数据，形成直播数据分析报告 | |
| | | KR3：根据数据分析报告，列出一份问题清单 | |
| | | KR4：针对直播中的问题，制订优化方案 | |
| 工作职责 | 1. 负责直播数据分析，挖掘各项数据指标的问题并可视化，提出合理化建议；<br>2. 负责常规运营数据分析，从数据分析平台提取分析数据，为直播业务提供数据分析报告；<br>3. 负责统计汇总各项数据指标，做好直播数据沉淀；<br>4. 通过数据分析，发现直播问题，提出改善建议，为招商选品、直播运营提供建议，并推进执行 | | |
| 工作内容 | 1. 直播数据采集；<br>2. 直播数据分析；<br>3. 直播效果评估；<br>4. 直播方案优化 | | |
| 接单时间 | | 任务完成时间 | 部门 |

### （二）任务分析表

任务分析表见表6-3。

姓　名 _____
班　级 _____

学习模块六　网络直播复盘

表 6-3　网络直播复盘任务分析表

| 编写人员 | | 日期 | |
|---|---|---|---|
| 学习任务 | 任务简介 | | |
| 直播数据采集 | 明确采集数据类型，选择合适的直播数据采集平台，直播间用户画像数据、流量数据、互动数据和转化数据 | | |
| 直播数据分析 | | | |
| 直播效果评估 | | | |
| 直播方案优化 | | | |

## 二、制订计划

### （一）人员分工表

明确部门内部情境角色，如运营经理、数据分析专员、选品专员、运营专员等，并填写人员分工表（表6-4）。

表 6-4　人员分工表

| 班级 | | | 组号 | | 指导教师 | |
|---|---|---|---|---|---|---|
| 组长 | | | 学号 | | | |
| 组员 | 姓名 | 学号 | | 姓名 | 学号 | 备注 |
| | | | | | | |
| | | | | | | |
| 任务分工 | 角色 | 职责 | | | 人员 | 备注 |
| | 运营经理 | 负责审核各专员工作，协调内部分工和进度 | | | | |
| | 数据分析专员 | | | | | |
| | 选品专员 | | | | | |
| | 运营专员 | | | | | |

### （二）工作流程表

认真阅读工作任务书，梳理任务内容，理解工作任务要求，制订工作流程，填写工作流程表（表6-5）。

学习模块六　网络直播复盘

表6-5　工作流程表

| 工作流程 | 具体操作要求 |
| --- | --- |
| 直播数据采集 | 明确数据类型，确定数据采集目标 |
| | 选择合适的数据采集平台 |
| | 采集直播间用户画像数据、流量数据、互动数据和转化数据 |
| 直播数据分析 | |
| | |
| | |
| | |
| 直播效果评估 | |
| 直播方案优化 | |
| | |

## （三）任务计划表

填写任务计划表（表6-6）。

表6-6　任务计划表

| 任务名称 | | 人员 | 计划完成时间 |
| --- | --- | --- | --- |
| 直播数据采集 | 用户画像数据 | | |
| | 流量数据 | | |
| | 互动数据 | | |
| | 转化数据 | | |
| 直播数据分析 | | | |
| | | | |
| | | | |
| 直播效果评估 | | | |

（续表）

| 任务名称 | | 人员 | 计划完成时间 |
|---|---|---|---|
| 直播方案优化 | | | |
| | | | |
| | | | |

## 三、任务准备

上网查阅网络直播数据分析专员的工作职责及能力要求，填写直播数据分析专员的工作职责表（表 6-7）。

表 6-7　直播数据分析专员工作职责表

| 工作岗位 | 直播数据分析专员 |
|---|---|
| 工作职责 | |
| 能力要求 | |

借助网络和相关学习平台，查阅网络直播复盘、网络直播数据采集、分析与优化等相关知识点，填写工作准备记录表（表 6-8）。

表 6-8　工作准备记录表

| 序号 | 查阅内容 | 知识点 | 疑点 |
|---|---|---|---|
| 1 | | | |
| 2 | | | |
| 3 | | | |

## 四、任务实施

### （一）直播数据采集

在直播活动结束后，为了准确分析直播效果，需要进行数据的采集，运营人员需要统计直播间的多种数据。

学习模块六　网络直播复盘

姓　名
班　级

引导问题1：直播复盘的流程是什么？如何进行直播复盘？

引导问题2：查看直播回放，如何分析直播过程中存在哪些优点和缺点？

引导问题3：直播数据类型有哪些？需要采集什么类型的数据？

引导问题4：采集直播数据的平台有哪些？

引导问题5：用户画像指标有＿＿＿＿＿＿、＿＿＿＿＿＿、＿＿＿＿＿＿、＿＿＿＿＿＿、＿＿＿＿＿＿。

姓 名
班 级

学习模块六　网络直播复盘

引导问题6：在线人数是直播间流量的核心指标，流量数据有：观看人数、平均在线人数、＿＿＿＿＿＿＿、＿＿＿＿＿＿＿、＿＿＿＿＿＿＿、点赞数和评论数等。

引导问题7：互动数量是直播间人气活跃程度的重要指标，互动指标有：＿＿＿＿＿＿＿、＿＿＿＿＿＿＿、＿＿＿＿＿＿＿、＿＿＿＿＿＿＿。

引导问题8：直播电商中的转化数据主要包括＿＿＿＿＿＿＿、＿＿＿＿＿＿＿、＿＿＿＿＿＿＿、＿＿＿＿＿＿＿。

引导问题9：直播舆情数据有哪些？

_____

_____

_____

引导问题10：如何计算ROI指标？

_____

_____

_____

_____

> **提示**
>
> （1）广告指标计算
> 广告投入产出比 = 广告推广带来的收益 ÷ 广告推广投入的成本 ×100%
> 广告销售比 = 广告带来的销售额 ÷ 直播间总销售额 ×100%
> （2）直播内容相关指标计算
> 直播投入产出比 = 直播带来的收益 ÷ 直播投入的成本 ×100%

根据任务要求填写直播数据采集表（表6-9）。

表 6-9　直播数据采集表

| 观看人次 | | 本场销售额 | |
|---|---|---|---|
| 人气峰值 | | 销量 | |
| 平均在线人数 | | 客单价 | |
| 发送弹幕 | | 上架商品 | |
| 累计点赞 | | 带货转化率 | |
| 涨粉人数 | | UV 价值 | |
| 转粉率 | | 退货率 | |
| 复购率 | | | |

## （二）直播数据分析

直播结束后，运营人员需要根据统计的数据结果与指标，从多个维度分析直播中存在的问题。

引导问题 11：用户画像分析重点对_____和_____进行分析，分别从年龄、性别、地区和是否关注直播间等进行分析，得出精准的目标人群画像。

引导问题 12：直播趋势分析重点对_____和_____进行分析，通过数据对比分析，分析出具体是哪方面内容促使用户进入直播间并产生购买行为。

**提示**

（1）直播间用户行为：互动情况、观看情况、订单量情况、订单金额情况。

（2）直播间后台行为：添加商品至直播间、发放优惠券、讲解商品等。

引导问题 13：直播流量分析重点关注_____和_____。根据不同的流量来源及流量比重，如何做出判断？

姓　名 _____
班　级 _____

学习模块六　网络直播复盘

引导问题 14：直播商品分析应重点分析三个数据指标：_____、_____、_____ 和 _____，快速找出直播中的畅销商品、潜力商品和滞销商品。

引导问题 15：如何快速判断商品类型？

> **提示**
>
> （1）畅销商品：高曝光、高成交、高转化；
> （2）潜力商品 A：低曝光、高成交、高转化；
> （3）潜力商品 B：高曝光、低成交、低转化；
> （4）滞销商品：无曝光、无成交、无转化。

### （三）直播效果评估

直播效果主要从吸引力、销售力和广告吸引力进行评估。

引导问题 16：直播吸引力分析的指标有哪些？

> **提示**
>
> 　　观看人数是指一场直播观看的统计总数，是一个结果数据。在线人数是实时正在观看直播的总人数，是一个过程数据。直播观看人数和实时在线人数的多少决定了直播间的人气和水平。

学习模块六　网络直播复盘

**引导问题 17**：分析直播间的观众平均停留时长，提炼提高消费者留存度的技巧。

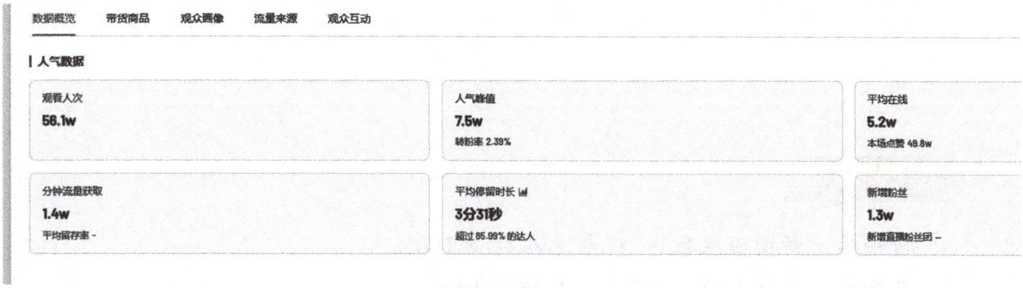

图 6-5　数据概览

> **提示**
>
> 　　平均停留时长直接反映直播间的内容吸引力，平均停留时长＝观看总时长÷观看总人数，一般来说，平均停留时长超过30%的主播，说明直播间吸引力比较强。

**引导问题 18**：转粉率和互动率分析，找出转粉率和互动率低的原因。

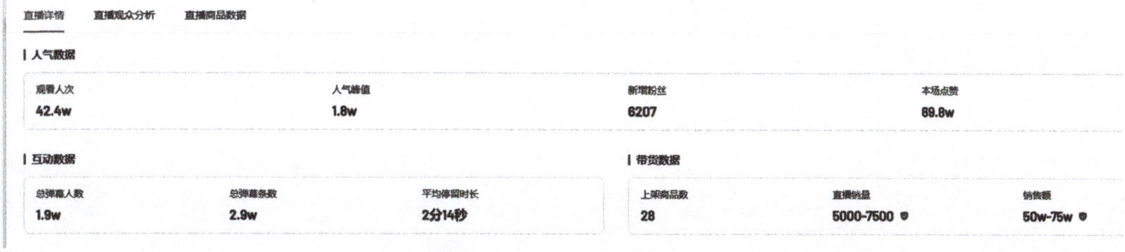

图 6-6　直播详情

学习模块六　网络直播复盘

> **提示**
> 
> 转粉率＝新增粉丝数÷观看总人数×100%
> 
> 互动率＝评论人数÷观看总人数×100%

引导问题 19：通过直播间弹幕数据，可以发现观众关注的重点，判断直播间吸引观众的"点"是什么，或者发现直播中存在的问题。

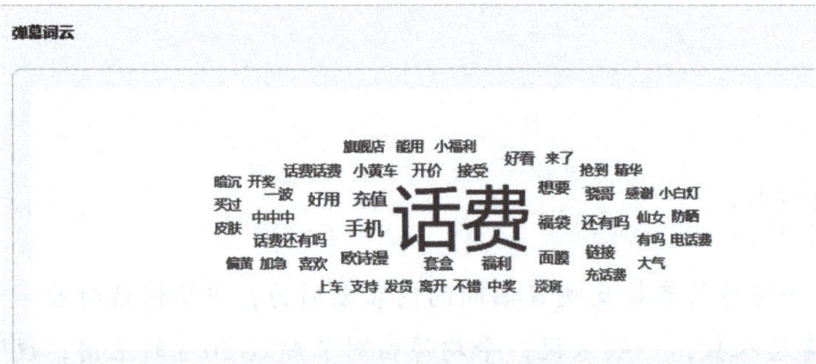

图 6-7　直播间弹幕数据

引导问题 20：通过观众画像判断直播间流量是否精准，一般将直播间用户画像和账号、粉丝团、视频画像进行对比分析。

## 学习模块六  网络直播复盘

姓 名 _____
班 级

根据任务要求填写直播间吸引力自检清单（表 6-10）。

表 6-10  直播间吸引力自检清单

| 序号 | 自检清单 |
|---|---|
| 1 | 主播引导少或者有问题导致粉丝关注价值低 |
| 2 | 活动设置或者执行较差 |
| 3 | 选品不喜欢 |
| 4 | |
| 5 | |
| 6 | |

表 6-11  直播吸引力分析

| 直播吸引力指标 | 关联因素 | 问题 | 分析结论 |
|---|---|---|---|
| 观看人数 | | | |
| 最高在线人数 | | | |
| 平均停留时长 | | | |
| 转粉率 | | | |
| 互动率 | | | |
| 直播弹幕 | | | |
| 用户画像 | | | |
| 优化建议 | | | |

引导问题 21：直播销售力分析的指标有哪些？

引导问题 22：根据表 6-12 中 9 月 10 日和 9 月 11 日两场直播数据，分析 9 月 11 日未完成目标的原因。

表 6-12　两场直播 GMV 和目标 GMV 对比

| 日期 | 直播 GMV | 目标 GMV | 完成度 |
| --- | --- | --- | --- |
| 9 月 10 日 | 205.3 万元 | 200 万元 | 102.70% |
| 9 月 11 日 | 153.3 万元 | 200 万元 | 76.70% |

表 6-13　两场直播详细数据对比

| 日期 | 直播 GMV | 观看人数 | 支付人数 | 支付订单数 | 支付转化率 | 客单价 | 客单件 |
| --- | --- | --- | --- | --- | --- | --- | --- |
| 9 月 10 日 | 205.3 万元 | 136.2 万元 | 18 115 | 29 777 | 0.013 3 | 113.3 | 1.64 |
| 9 月 11 日 | 153.3 万元 | 127 万元 | 17 907 | 22 847 | 0.014 1 | 85.6 | 1.28 |
| 增减幅度 | −25.33% | −6.75% | −1.15% | −23.27% | 6.01% | −24.45% | −21.95% |

引导问题 23：UV 价值是每个进入直播间的用户产生的价值，UV 价值＝销售额÷观看人数，试计算两场直播的 UV 价值并分析。

## 学习模块六　网络直播复盘

引导问题24：直播转化漏斗分析，试分析以下漏斗模型（图6-8）。

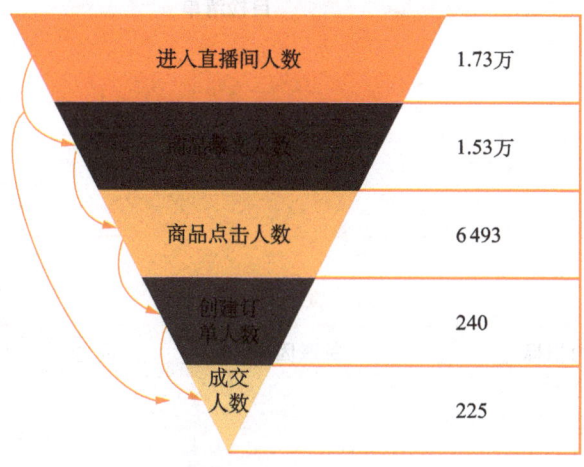

| 进入直播间人数 | 1.73万 |
| 商品曝光人数 | 1.53万 |
| 商品点击人数 | 6 493 |
| 创建订单人数 | 240 |
| 成交人数 | 225 |

图6-8　直播漏斗模型

> **提示**
>
> 曝光率转化率＝商品曝光人数÷进入直播间人数×100%
> 点击率转化率＝商品点击人数÷商品曝光人数×100%
> 生单转化率＝创建订单人数÷商品点击人数×100%
> 成交转化率＝成交人数÷创建订单人数×100%

根据任务要求填写直播间销售力自检清单（表6-14）。

表6-14　直播间销售力自检清单

| 序号 | 自检清单 |
|---|---|
| 1 | 直播间陈列与商品展示性差，导致转化率低、客单价低 |
| 2 | 主播销售力度不够，引导成交能力差，导致转化率低 |

姓　名　_____
班　级　_____

学习模块六　网络直播复盘

（续表）

| 序号 | 自检清单 |
|---|---|
| 3 | |
| 4 | |
| 5 | |
| 6 | |

表6-15　直播销售力分析

| 直播销售力指标 | | 关联因素 | 问题 | 分析结论 |
|---|---|---|---|---|
| GMV | | | | |
| 支付转化率 | | | | |
| 客单价 | | | | |
| 客单件 | | | | |
| UV价值 | | | | |
| 优化建议 | | | | |

表6-16　单品销售数据分析实例

| 品名 | 购物车序号 | 进入-曝光转化率 | 曝光-点击转化率 | 点击-生单转化率 | 生单-成交转化率 | 进入-成交转化率 |
|---|---|---|---|---|---|---|
| 碎花连衣裙 | 01 | 81.3% | 38.5% | 2.8% | 92.3% | 0.9% |
| | | | | | | |
| | | | | | | |
| | | | | | | |
| 优化建议 | | | | | | |

引导问题25：直播推广主要从推广渠道、推广素材和推广过程进行分析。当广告的展现点击率低、购物车点击率低、广告投入产出比比较低时，意味着直播的广告投

学习模块六　网络直播复盘

放效果存在问题。

图6-9（a）　直播大屏1

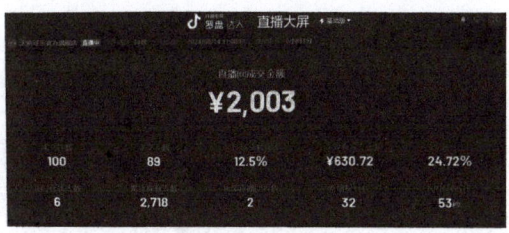

图6-9（b）　直播大屏2

引导问题26：直播推广素材主要有_____和_____。一般来说，_____的推广效果要优于_____的推广效果。视频推广主要指标有：完播率、互动率、_____、作品平均播放时长、_____，其中，_____是评价视频质量的重要指标。一般来说，完播率在30%以上比较好。如何提高完播率？

引导问题27：作品平均播放时长是指视频播放的平均时长，如果一个时长在15～40秒之间，平均播放时长在_____秒以上算是比较好的数据，如果一个作品时长在1分钟以上，平均播放时长在_____秒以上算是相对较好的数据。如何提高作品平均播放时长？

引导问题 28：直播推广视频的互动率主要指_____、_____和_____。结合图 6-10 分析点赞情况，提出优化措施。

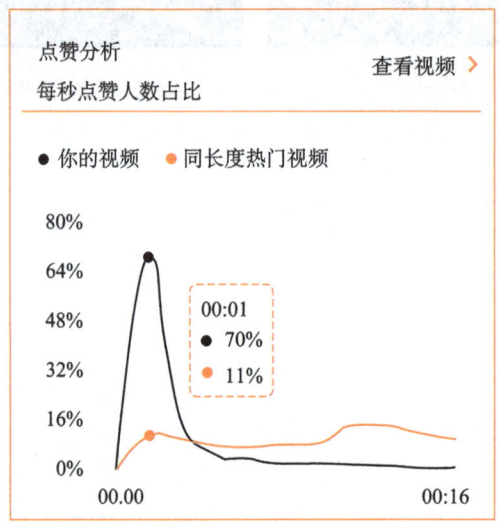

图 6-10　直播点赞数据

> **提示**
>
> 点赞率 = 点赞量 ÷ 视频播放量 × 100%，点赞率 3% 以上比较好；
> 评论率 = 评论量 ÷ 视频播放量 × 100%，评论率 1% 以上比较好；
> 转发率 = 转发量 ÷ 视频播放量 × 100%，转发率 0.5% 以上比较好。

## 学习模块六　网络直播复盘

引导问题29：直播推广视频的增粉率一般在_____以上比较好，保持视频发布频次和创意生产，_____，是增粉的关键。

引导问题30：直播推广视频的引流率也是推广效果的指标。直播引流率＝视频推荐导流到直播间的流量 ÷ 今日播放量 ×100%，视频推荐到直播间的流量＝直播间总人数 × 视频推荐来源的比例。如何提高视频的引流率？

_____

_____

_____

_____

根据任务要求填写短视频内容自检清单（表6-17）。

表6-17　直播推广短视频内容自检清单

| 内容 | 自检清单 |
|---|---|
| 选题 | 整体内容是否符合平台规范 |
|  | 主题是否关乎近期热点话题 |
| 拍摄 |  |
| 开头 |  |
| 内容 |  |
| 结尾 |  |
| 文案 |  |
| 发布时间 |  |
| 流量 |  |

| 姓 名 | |
|---|---|
| 班 级 | |

学习模块六 网络直播复盘

**引导问题 31：推广过程分析。**

案例背景：一家主营彩妆/香水/美妆工具的淘宝店，店铺客单价在 180 元左右，支付转化率大约为 1.8%。有粉丝基础和转化能力，店铺的运营。当前店铺所面对的主要问题是流量的下滑，起初店铺已经冲到了行业直播前 20，由于种种原因，一年时间流量从 6 万/天降到了 1 万/天。

推广目标：提升店铺流量，找到新的突破口，加速店铺流量的转型，增加更多的曝光机会。

该店铺投了两次超级推荐，比较两次超级推荐的推广效果（图 6-11），进一步优化推广过程。

| 推广渠道 | 推广时间 | 观看次数 | 花费（元） | 观看成本 | 推广数据 | | | | | 投资回报率 |
|---|---|---|---|---|---|---|---|---|---|---|
| | | | | | 互动量 | 互动率 | 直播评论量 | 直播点赞量 | 成交金额 | |
| 超级推荐 | 3月10日-3月16日 | 83051 | 97249.61 | 1.17 | 98544 | 118.65% | 24764 | 34799 | 477354.51 | 4.91 |
| 超级推荐 | 4月10日-4月16日 | 79013 | 95423.12 | 1.21 | 92134 | 109.89% | 20154 | 31244 | 401250.12 | 4.2 |

图 6-11 直播超级推荐数据

请比较两次推广效果，并进行优化，写出优化思路。

根据以上分析，填写直播复盘表（表 6-18）。

表 6-18 直播复盘表

| 数据概览 | 账号 | | 开播日期 | | 开播时长 | | 直播时间段 | |
|---|---|---|---|---|---|---|---|---|
| | 观众人数 | | 小风车留电人数 | | 停留时长 | | 转粉率 | |
| 直播内容质量问题分析 | | | | | | | | |
| 直播吸引力指标 | 数据 | | 问题记录 | | | | 复盘结论 | |
| 最高在线人数 | | | | | | | | |
| 平均停留时长 | | | | | | | | |

学习模块六　网络直播复盘

姓　名
班　级

（续表）

| 直播内容质量问题分析 ||||
|---|---|---|---|
| 直播吸引力指标 | 数据 | 问题记录 | 复盘结论 |
| 平均停留时间 | | | |
| 新增粉丝量 | | | |
| 增粉率 | | | |
| 评论人数 | | | |
| 互动率 | | | |
| 直播流量优化分析 ||||
| 流量来源 | 占比 | 人数 | 问题记录 | 复盘结论 |
| 直播推荐 | | | | |
| 视频推荐 | | | | |
| 关注 | | | | |
| 同城 | | | | |
| 其他 | | | | |
| 付费流量 | | | | |
| 短视频内容优化分析 ||||
| 视频标题 | 完播率 | 总播放量 | 直播新增播放量 | 导流人数 | 视频进入率 | 分析与建议 |
| | | | | | | |
| | | | | | | |
| | | | | | | |

## （四）直播方案优化

　　针对前面的问题清单，找到存在的问题并分析原因，针对直播选品、直播内容和直播执行进行优化，提出优化方案。

　　引导问题32：如何进行直播选品优化？

| 姓 名 | |
|---|---|
| 班 级 | |

学习模块六　网络直播复盘

引导问题33：如何进行直播内容优化？

引导问题34：如何进行直播执行优化？

根据任务要求制订直播优化方案（表6-19）。

表6-19　直播优化方案

| 内容 | 优化方案 |
|---|---|
| 直播选品优化 | |
| 直播内容优化 | |
| 直播执行优化 | |

## 五、技术移交

表6-20　直播复盘评分表

| 完成人 | | | 培训师 | |
|---|---|---|---|---|
| 任务编号 | 任务内容 | 总分 | 评分要点 | 得分 |
| 1 | 任务资讯 | 10分 | 企业工单（3分） | |
| | | | 任务分析表（7分） | |

学习模块六　网络直播复盘

姓　名
班　级

（续表）

| 任务编号 | 任务内容 | 总分 | 评分要点 | 得分 |
|---|---|---|---|---|
| 2 | 制订计划 | 15 分 | 人员分工表（5分） | |
| | | | 工作流程表（5分） | |
| | | | 任务计划表（5分） | |
| 3 | 任务准备 | 10 分 | 数据分析专员工作职责表（5分） | |
| | | | 工作准备记录表（5分） | |
| 4 | 任务实施 | 65 分 | 直播数据采集（10分） | |
| | | | 直播数据分析（10分） | |
| | | | 直播效果评估（30分） | |
| | | | 直播方案优化（15分） | |
| 总分 | | | | |

## 六、评价反馈

表 6-21　任务工作过程总评表

| 班级 | | 姓名 | | |
|---|---|---|---|---|
| 互评人 | | 指导老师 | | |
| 序号 | 评价项目 | 项目内容 | 自评（10%） | 互评（20%） | 培训师评价（70%） |
| 1 | 任务资讯（15分） | 任务按时完成情况（5分） | | | |
| | | 任务质量和准确性（5分） | | | |
| | | 小组成员合作面貌（5分） | | | |
| 2 | 制订计划（15分） | 任务按时完成情况（5分） | | | |
| | | 任务质量和准确性（10分） | | | |
| 3 | 任务准备（10分） | 任务按时完成情况（10分） | | | |

| 姓 名 | |
|---|---|
| 班 级 | |

学习模块六　网络直播复盘

（续表）

| 序号 | 评价项目 | 项目内容 | 自评（10%） | 互评（20%） | 培训师评价（70%） |
|---|---|---|---|---|---|
| 4 | 任务实施（50分） | 任务按时完成情况（15分） | | | |
| | | 任务质量和准确性（15分） | | | |
| | | 团队协作和沟通（10分） | | | |
| | | 创新点（10分） | | | |
| 5 | 技术移交（10分） | 任务按时完成情况（10分） | | | |
| | | 总分 | | | |
| | | 合计 | | | |

# 学习模块七
# 网络直播运营综合训练

## 学习目标

### 知识目标

1. 掌握直播电商运营的流程；
2. 了解直播产品选品的原则，熟悉产品选品的方法；
3. 掌握直播内容策划的原理，掌握直播脚本的含义及作用；
4. 掌握商品介绍方法与技巧，掌握直播节奏及对应关键任务；
5. 了解直播危机的类型与应对策略；
6. 掌握促进不同类型粉丝成交转化的活动、策略；
7. 掌握直播推广的方法、引流技巧和推广活动策划；
8. 掌握直播电商运营数据用户画像、流量数据、转化数据分析的方法和技巧；
9. 掌握直播数据复盘和运营诊断的方法。

### 能力目标

1. 能够根据主播的定位选品，合理选择供应商；
2. 能够根据直播内容策划的流程，合理安排各个环节；
3. 能够独立完成脚本撰写，并根据脚本反馈效果进行优化和改进；
4. 能够通过匹配消费者痛点与商品功能、描述商品使用场景等方式传递商品信息，激发消费者购物欲望；
5. 能够迎合消费者需求，建立与消费者的信任关系，提高成交转化率；
6. 能够预判直播活动可能出现的危机，运用危机应对方法进行有效处理；
7. 能够根据自身优势和消费者需求打造主播人设；
8. 能够对直播账号进行运营数据指标分析，及时开展复盘，诊断运营数据并提出直播优化方案。

姓 名
班 级

## 学习模块七　网络直播运营综合训练

### 素质目标

1. 培养在互联网中维护社会主义核心价值观的意识；
2. 培养良好的团队合作精神和沟通能力，团队合作完成直播活动；
3. 培养分析和解决实际问题的能力，遇到问题不退缩；
4. 培养数据保密意识，能合法合规地使用和管理数据；
5. 培养诚实公正的数据意识，严守政治纪律与规则；
6. 培养商品敏感度，以及良好的创意策划能力和文字表达能力；
7. 培养电商行业、广告行业、商品所属行业等的法律法规意识和保密意识；
8. 培养自主学习和独立思考的能力，不断扩展相关领域的知识和技能。

### 学习情境

优越商贸有限责任公司是一家经营范围涵盖办公用品、居家用品、食品、数码配件、母婴用品、箱包、美妆、饰品、运动器械等的综合贸易公司。公司成立于2022年，负责人是陈石。公司经营商品种类多样，贴合用户需求。在不断提高商品质量的前提下，公司力争提供完善的品牌服务，让客户安心购买，并且商品价格实惠，日常销量较好，积累了一批忠实客户。

恰逢平台开展元旦购物狂欢节活动，陈石计划围绕购物狂欢节策划并实施一场福利直播，回馈企业新老客户。

借阅或上网查询有关的资料，完成以下任务：

（1）认真分析任务书，完成任务分析表；
（2）制订工作计划，填写人员分工表、工作流程表、资金预算表；
（3）根据情境资料，完成直播选品，填写直播选品信息表；
（4）选择供应商采购商品，结合竞品分析，制订商品价格，填写采购计划表；
（5）制订合适的销售策略，填写直播间销售策略表；
（6）根据实际情况，选择合适的主题，设计合理的直播时间，填写直播方案表；
（7）结合情境资料，完成直播互动方案的设计，填写直播互动方案设计表；
（8）完成整场直播脚本和单品直播脚本的撰写；
（9）结合目标人群画像，确定目标群体，制订推广策略，完成推广方案；

（10）设置直播间标题、欢迎语、屏蔽词、快捷短语、直播间信息、高频问题回复等内容，完成直播场景搭建；

（11）根据直播策划内容组织合理的话术完成直播销售，在直播过程中积极与观众进行互动；

（12）收集整理直播数据，填写直播数据采集表；

（13）对统计的直播数据表进行多维度分析，填写直播效果分析表；

（14）根据数据分析，找出直播中存在的问题，制订直播优化方案。

| 姓 名 | |
|---|---|
| 班 级 | |

学习模块七　网络直播运营综合训练

## 一、任务资讯

### （一）企业工单

企业工单见表 7-1。

**表 7-1　网络直播运营企业工单**

订单编号：ZB2023120007

| 工作任务 | 网络直播运营 | | |
|---|---|---|---|
| 派单企业 | 优越商贸有限责任公司 | 截止日期 | |
| 接单人 | | 负责导师 | |
| 工单描述 | 本工单依据电商直播企业的典型工作任务制订开发，主要面向直播运营、主播、直播选品员、直播数据分析等岗位，培养运营人员的直播选品、直播策划、直播销售、直播数据收集、整理、分析、优化能力，助其提升专业技能，积累实操经验 | | |
| 企业目标 | OKR 即目标与关键成果，是一种企业管理方式，以过程性考核为核心，关键结果"可量化、可追踪" | | |
| | 目标（Objective） | O：为该公司元旦购物节直播进行选品、策划、销售、数据分析并优化 | |
| | 关键成果<br>（Key Result） | KR1：根据要求选择三款商品并进行角色定位 | |
| | | KR2：选择供应商采购并制订价格 | |
| | | KR3：根据直播间目标制订直播间销售策略 | |
| | | KR4：设计直播间主题，选择合适的直播时间，完成直播间主题策划表 | |
| | | KR5：完成直播互动方案的设计，填写互动方案表 | |
| | | KR6：完成全场直播脚本和单品直播脚本的撰写 | |
| | | KR7：确定目标群体，制订推广策略，完成推广方案 | |
| | | KR8：完成直播间场景搭建 | |
| | | KR9：根据直播策划，完成直播销售 | |
| | | KR10：收集整理直播数据，统计完成直播数据表 | |
| | | KR11：分析直播数据，形成直播数据分析报告 | |
| | | KR12：根据数据分析报告，列出一份问题清单 | |
| | | KR13：针对直播中的问题，制订优化方案 | |

## 学习模块七　网络直播运营综合训练

（续表）

| | |
|---|---|
| 工作职责 | 1. 负责平台直播的运营，制订每期销售目标以及相关运营计划；<br>2. 制订直播运营规划和内容策划，对线上活动有创新，与粉丝互动，活跃直播氛围；<br>3. 具有良好的表达能力，负责协助主播做好产品介绍及活动介绍，促成交易；<br>4. 制订直播营销运营推广方案，定时进行沟通交流与反馈，增强直播互动性，为平台搭建完整的内容架构；<br>5. 负责统计汇总各项数据指标，做好直播数据沉淀；<br>6. 通过数据分析，发现直播问题，提出改善建议，为招商选品、直播运营提供建议，并推进执行 |
| 工作内容 | 1. 直播选品与规划；<br>2. 直播内容策划；<br>3. 直播推广策划；<br>4. 直播间装修；<br>5. 直播销售与互动；<br>6. 直播数据复盘 |
| 接单时间 | 任务完成时间　　　　　部门 |

### （二）任务分析表

任务分析表见表 7-2。

表 7-2　网络直播运营任务分析表

| 编写人员 | | 日期 | |
|---|---|---|---|
| 学习任务 | 任务简介 | | |
| 直播选品与规划 | | | |
| 直播内容策划 | | | |
| 直播推广策划 | | | |
| 直播间装修 | | | |
| 直播销售与互动 | | | |
| 直播数据复盘 | | | |

| 姓 名 | |
|---|---|
| 班 级 | |

## 二、制订计划

### （一）人员分工表

明确部门内部情境角色，如运营经理、选品专员、运营专员、主播、数据分析专员等，填写人员分工表（表 7-3）。

表 7-3 人员分工表

| 班级 | | | | 组号 | | 指导教师 | |
|---|---|---|---|---|---|---|---|
| 组长 | | | | 学号 | | | |
| 组员 | | 姓名 | 学号 | 姓名 | | 学号 | 备注 |
| | | | | | | | |
| | | | | | | | |
| | | | | | | | |
| 任务分工 | | 角色 | 职责 | | | 人员 | 备注 |
| | | 运营经理 | | | | | |
| | | 选品专员 | | | | | |
| | | 运营专员 | | | | | |
| | | 主播 | | | | | |
| | | 数据分析专员 | | | | | |

### （二）工作流程表

认真阅读工作任务书，梳理任务内容，理解工作任务要求，制订工作流程，填写工作流程表（表 7-4）。

表 7-4 工作流程表

| 工作流程 | 具体操作要求 |
|---|---|
| 直播选品与规划 | |
| | |
| | |
| 直播内容策划 | |
| | |

（续表）

| 工作流程 | 具体操作要求 |
|---|---|
| 直播内容策划 | |
| 直播推广策划 | |
| 直播间装修 | |
| 直播销售与互动 | |
| 直播数据复盘 | |

## （三）资金预算表

根据公司预算，填写本场直播的资金预算表（表 7-5）。

表 7-5　资金预算表

| 采购资金 | 推广资金 | 活动资金 | 其他 |
|---|---|---|---|
| | | | |

> **提示**
>
> 公司本场直播预算＝采购资金＋推广资金＋活动资金＋其他

| 姓 名 | |
|---|---|
| 班 级 | |

学习模块七　网络直播运营综合训练

## （四）物料清单表

根据直播实际情况，准备物料清单，填写物料计划表（表7-6）。

表7-6　物料计划表

| 序号 | 物料名称 | 作用 |
|---|---|---|
| | | |
| | | |
| | | |
| | | |
| | | |
| | | |

## （五）任务计划表

填写任务计划表（表7-7）。

表7-7　任务计划表

| | 任务名称 | 人员 | 计划完成时间 |
|---|---|---|---|
| 直播选品与规划 | | | |
| | | | |
| | | | |
| 直播内容策划 | | | |
| | | | |
| | | | |
| 直播推广策划 | | | |
| | | | |
| | | | |
| 直播间装修 | | | |
| | | | |
| | | | |

## 学习模块七　网络直播运营综合训练

姓　名
班　级

（续表）

| 任务名称 | | 人员 | 计划完成时间 |
|---|---|---|---|
| 直播销售与互动 | | | |
| | | | |
| | | | |
| 直播数据复盘 | | | |
| | | | |
| | | | |

## 三、任务准备

借助网络和相关学习平台，查阅网络直播选品、网络直播策划、直播复盘等相关知识点，填写工作准备记录表（表7-8）。

表7-8　工作准备记录表

| 序号 | 查阅内容 | 知识点 | 疑点 |
|---|---|---|---|
| 1 | | | |
| 2 | | | |
| 3 | | | |

根据直播物料清单表，填写物料清单核对表（表7-9）。

表7-9　物料清单核对表

| 序号 | 物料名称 | 核对 |
|---|---|---|
| | | |
| | | |
| | | |
| | | |
| | | |
| | | |

## 四、任务实施

### （一）直播选品及规划

根据给定的商品销售数据，结合市场行情，对商品进行评估，结合人群特征，从公司销售商品中选择一款直播商品，对商品角色进行定位，明确商品在直播间的作用，合理规划运营资金，完成一款直播商品的采购，并制订商品日常价格、直播价格、商品促销形式及利益点等，填写表7-10～表7-12。

表7-10　直播选品信息表

| 序号 | 产品名称 | 产品规格 | 产品定位 | 备注 |
| --- | --- | --- | --- | --- |
| 1 | | | | |
| 2 | | | | |
| 3 | | | | |

表7-11　采购计划表

| 商品名称 | 供应商 | 采购价格 | 商品定价 | 采购数量 | 采购成本 |
| --- | --- | --- | --- | --- | --- |
| | | | | | |
| | | | | | |
| | | | | | |

表7-12　直播间销售策略表

| 商品名称 | 日常售价 | 直播间售价 | 促销形式 | 商品利益点 |
| --- | --- | --- | --- | --- |
| | | | | |
| | | | | |
| | | | | |

### （二）直播内容策划

直播团队根据直播商品，策划本场直播的主题，分析市场数据，总结不同时间段的流量特点，为本场直播策划合适的时间，并且在直播开场、商品介绍、直播收尾等环节设计直播互动方案。根据直播主题及互动方案设计直播流程与各环节的时间，结合商品详细信息，根据直播商品销售策略，提炼商品卖点，完成整场直播脚本和单品直播脚本的撰写，填写表7-13～表7-16。

## 学习模块七　网络直播运营综合训练

姓　名
班　级

### 表 7-13　直播方案表

| 直播主题 | |
|---|---|
| 直播目标 | |
| 直播形式 | |
| 直播环节 | |
| 主播选择与人员分工 | |
| 直播平台 | |
| 直播时间 | |
| 技术设备要求 | |
| 直播预算 | |

### 表 7-14　直播互动方案设计表

| 互动设计 | 互动内容 | 用时估计 | 互动时间段 | 奖品名称 | 发奖说明 | 备注 |
|---|---|---|---|---|---|---|
| | | | | | | |
| | | | | | | |
| | | | | | | |
| | | | | | | |

### 表 7-15　整场直播脚本

| 直播主题 | | | | | | |
|---|---|---|---|---|---|---|
| 直播目标 | | | | | | |
| 直播时间 | | | | | | |
| 直播地点 | | | | | | |
| 主播 | | 场控 | | 运营 | | |
| 时间段 | 流程 | | 人员分工 | | 主推商品 | |
| | 流程1： | | | | | |
| | 流程2： | | | | | |
| | 流程3： | | | | | |
| | 流程4： | | | | | |
| 预热 | | | | | | |

| 产品讲解 ||||||||||
|---|---|---|---|---|---|---|---|---|---|
| 序号 | 产品 | 产品图片 | 话题引入 | 产品卖点 | 日常价 | 直播价 | 核心利益点 | 互动设计 ||
| 1 | 名称：<br>品牌：<br>规格：<br>链接： | | | | | | | ||
| 2 | 名称：<br>品牌：<br>规格：<br>链接： | | | | | | | ||
| 3 | 名称：<br>品牌：<br>规格：<br>链接： | | | | | | | ||
| 直播与引导关注 |||||||||||

表 7-16　单品直播脚本

| 直播目标 | | |
|---|---|---|
| 讲解时间 | 开始时间：<br>讲解时长：<br>商品链接： ||
| 目标人群 | | |
| 品牌介绍 | | |
| 产品卖点 | 材质 | |
| | 外观 | |
| | 品牌 | |
| | 质量 | |
| | 功能 | |
| | …… | |
| 需求引导 | | |
| 场景还原 | | |
| 产品展示 | | |

## 学习模块七　网络直播运营综合训练

（续表）

| | |
|---|---|
| 直播间利益点 | |
| 促单话术 | |
| 备注 | |

### （三）直播推广策划

直播团队根据商品信息及行业数据，分析目标人群的年龄分布、性别分布、地域分布、兴趣偏好等数据，明确目标受众，形成客户画像。根据直播推广需求，结合给定的推广资金、图文、视频素材等内容，确定推广目标，合理分配推广预算，制订直播推广策略，设计宣传推广物料文案，并完成物料违规信息核查。

直播团队根据直播推广策略，选择图文推广或短视频推广，创建推广计划，结合目标受众特点，从多维度完成目标受众定向，精准圈定受众标签，设置直播推广预算及出价方式，确定推广内容投放位置，添加推广创意，完成直播推广实施，提升曝光量、点击量、点击率等指标数值，填写表7-17～表7-20。

表 7-17　直播推广方案策划表

| | |
|---|---|
| 直播推广目标 | |
| 目标受众 | |
| 直播选品 | |
| 直播平台 | |
| 直播推广方案 | 直播前引流： |
| | 直播中付费推广： |
| | 直播二次传播： |
| 直播推广预算 | |
| 直播推广效果评估 | |
| 后续活动策划 | |

表 7-18　宣传文案设计表

| | |
|---|---|
| 海报文案 | |
| 软文标题 | |
| 短视频标题 | |

姓 名
班 级

学习模块七　网络直播运营综合训练

表 7-19　直播宣传物料违规信息排查表

| 宣传物料 | 违规事项 |
| --- | --- |
| 海报 |  |
| 软文 |  |
| 视频 |  |

表 7-20　直播推广渠道选择表

| 宣传物料 | 推广渠道 |
| --- | --- |
| 海报 |  |
| 软文 |  |
| 视频 |  |

短视频付费推广是直播推广的一种重要形式，可以利用短视频进行前期引流推广，直播结束以后可以截取直播过程中精彩片段做成短视频，实现直播的二次传播，带来直播销售的增加。根据任务要求撰写短视频创作文案和短视频分镜头脚本策划，制作短视频进行推广，并对短视频推广效果进行复盘，填写表 7-21～表 7-23。

表 7-21　短视频创作文案策划表

| 短视频标题 |  |
| --- | --- |
| 创作主题 |  |
| 创意阐述 |  |
| 内容概述 |  |
| 画面表现 |  |

表 7-22　短视频分镜头脚本策划表

| 短视频分镜头脚本 | | | | | | | |
| --- | --- | --- | --- | --- | --- | --- | --- |
| 标题 | | | | | | | |
| 视频时长 | | | | | | | |
| 镜号 | 景别 | 运镜方式 | 时长 | 画面内容 | 对白 | 音乐音效 | 备注 |
| 1 | | | | | | | |

（续表）

| 镜号 | 景别 | 运镜方式 | 时长 | 画面内容 | 对白 | 音乐音效 | 备注 |
|---|---|---|---|---|---|---|---|
| 2 | | | | | | | |
| 3 | | | | | | | |
| 4 | | | | | | | |
| 5 | | | | | | | |
| 6 | | | | | | | |
| 7 | | | | | | | |
| 8 | | | | | | | |
| 9 | | | | | | | |
| 10 | | | | | | | |

表 7-23　短视频营销运营复盘报告

| 一、短视频数据概况分析 |
|---|
|  |
| 二、完播率分析复盘与优化 |
|  |
| 三、点赞率分析复盘与优化 |
|  |
| 四、评论率分析复盘与优化 |
|  |
| 五、转发率分析复盘与优化 |
|  |
| 六、吸粉率分析复盘与优化 |
|  |
| 七、其他数据分析（点赞量/播放比，粉丝数/点赞比，评论数/点赞比） |
|  |
| 八、发布后预案编写 |
|  |

直播付费推广能为直播间带来巨大的曝光量，为直播间增加热点，提高直播效果。创建广告计划需要设置广告名称、广告目标、投放人群、投放预算、投放位置等。广告优化目标有增加观看次数、增加商品点击、增加关注。设置完成后，运营人员要对广告效果进行评估，及时调整广告策略，填写表 7-24。

表 7-24 广告投放策略调整表

| 消耗少，转化多 | |
|---|---|
| 消耗多，转化多 | |
| 消耗少，转化少 | |
| 消耗多，转化少 | |

## （四）直播间装修

直播团队根据直播需要完成直播线下场景搭建，根据直播间观众的特点，设置直播间标题、欢迎语、屏蔽词、快捷短语、直播间信息、高频问题回复等内容，完成直播间基本信息设置。根据直播商品介绍，为三款直播商品编写商品标题，设置商品主图、详情页等内容，填写表 7-25～表 7-27。

表 7-25 直播间软硬件设备表

| 设备名称 | 选择设备的原因 | 设备的功能简介 | 设备的核心竞争力 |
|---|---|---|---|
| | | | |
| | | | |
| | | | |
| | | | |
| | | | |
| | | | |
| | | | |

表 7-26 直播间基础设置信息表

| 直播间文案 | 内容详情 |
|---|---|
| 直播间标题 | |

学习模块七　网络直播运营综合训练　　姓　名_____　班　级_____　199

（续表）

| 直播间文案 | 内容详情 |
|---|---|
| 欢迎语 | |
| 屏蔽词 | |
| 快捷短语 | |

表 7-27　直播物料清单表

| 直播主题 | | | |
|---|---|---|---|
| 直播时间 | | 负责人 | |
| 物料需求 | | | |
| 整体素材收集规范 | | | |
| 背景板 | | | |
| 预告图、封面 | | | |
| 直播切片 | | | |

## （五）直播销售与互动

在直播开场环节，主动向直播间观众问好，自我介绍，预告直播主题及亮点活动等，完成直播开场预热，营造良好的直播氛围；在商品销售环节，以问题情景引入、热点引入等方式自然地引入直播商品，介绍商品属性及卖点，并配合商品细节展示，通过商品日常价格与直播价格的对比，突出促销活动的吸引力，商品上架后及时引导用户购买；在直播收尾环节，结合直播销售情况，引导观众关注直播间、致谢等，提升商品销售量、粉丝数量等指标数值。根据要求完成暖场活动设计、商品介绍框架设计和促单话术设计，填写表 7-28～表 7-34。

表 7-28　暖场话术设计

| 暖场话术设计 | |
|---|---|

## 学习模块七　网络直播运营综合训练

表 7-29　直播话题准备

| 直播话题 | 话术 |
|---|---|
|  |  |
|  |  |
|  |  |
|  |  |

表 7-30　××商品介绍框架设计表

| 讲解维度 | 话术设计 |
|---|---|
| 产品讲解 |  |
| 品牌背书 |  |
| 服务保障 |  |
| 优惠活动 |  |

表 7-31　××商品答疑设计表

| 问题 | 答疑话术 |
|---|---|
|  |  |
|  |  |
|  |  |
|  |  |

表 7-32　××商品展示方式表

| 展示方式 | 操作要求 |
|---|---|
|  |  |
|  |  |
|  |  |
|  |  |

表 7-33 ××商品促单话术设计表

| 促单话术 |
|---|
|  |
|  |
|  |
|  |

表 7-34 直播危机处理方案表

| 问题 | 处理方法 |
|---|---|
| 直播卡顿 |  |
| 直播黑屏 |  |
| 直播闪退 |  |
| 产品链接失效 |  |
| 产品优惠额度不一致 |  |
| 直播间观众无法加群 |  |
| 直播间观众互动不可见 |  |
| 直播间观众对产品不满意 |  |
| 商家问题 |  |
| 直播中遇到恶意评论 |  |

## （六）直播数据复盘

直播团队根据直播后台，完成直播数据的采集，分析流量、销售、消费者等相关数据，评估直播整体效果，完成直播吸引力和销售力分析，根据数据分析结果，提出优化方案，填写表 7-35～表 7-42。

表 7-35 直播数据采集表

| 观看人次 |  | 本场销售额 |  |
|---|---|---|---|
| 人气峰值 |  | 销量 |  |
| 平均在线人数 |  | 客单价 |  |

（续表）

| 发送弹幕 |  | 上架商品 |  |
|---|---|---|---|
| 累计点赞 |  | 带货转化率 |  |
| 涨粉人数 |  | UV 价值 |  |
| 转粉率 |  | 退货率 |  |
| 复购率 |  |  |  |

表 7-36　直播间吸引力自检清单

| 序号 | 自检清单 |
|---|---|
| 1 |  |
| 2 |  |
| 3 |  |
| 4 |  |
| 5 |  |
| 6 |  |

表 7-37　直播吸引力分析

| 直播吸引力指标 |  | 关联因素 | 问题 | 分析结论 |
|---|---|---|---|---|
| 观看人数 |  |  |  |  |
| 最高在线人数 |  |  |  |  |
| 平均停留时长 |  |  |  |  |
| 转粉率 |  |  |  |  |
| 互动率 |  |  |  |  |
| 直播弹幕 |  |  |  |  |
| 观众画像 |  |  |  |  |
| 优化建议 |  |  |  |  |

## 学习模块七　网络直播运营综合训练

| 姓　名 | |
|---|---|
| 班　级 | |

表 7-38　直播间销售力自检清单

| 序号 | 自检清单 |
|---|---|
| 1 | |
| 2 | |
| 3 | |
| 4 | |
| 5 | |
| 6 | |

表 7-39　直播销售力分析

| 直播销售力指标 | | 关联因素 | 问题 | 分析结论 |
|---|---|---|---|---|
| GMV | | | | |
| 支付转化率 | | | | |
| 客单价 | | | | |
| 客单件 | | | | |
| UV 价值 | | | | |
| 优化建议 | | | | |

表 7-40　单品销售数据分析

| 品名 | 购物车序号 | 进入-曝光转化率 | 曝光-点击转化率 | 点击-生单转化率 | 生单-成交转化率 | 进入-成交转化率 |
|---|---|---|---|---|---|---|
| | | | | | | |
| | | | | | | |
| | | | | | | |
| | | | | | | |
| 优化建议 | | | | | | |

| 姓 名 | |
|---|---|
| 班 级 | |

## 学习模块七　网络直播运营综合训练

表 7-41　直播推广短视频内容自检清单

| 内容 | 自检清单 |
|---|---|
| 选题 | |
| 拍摄 | |
| 开头 | |
| 内容 | |
| 结尾 | |
| 文案 | |
| 发布时间 | |
| 流量 | |

表 7-42　直播优化方案

| 内容 | 优化方案 |
|---|---|
| 直播选品优化 | |
| 直播内容优化 | |
| 直播执行优化 | |

## 五、技术移交

表 7-43　网络直播运营综合训练评分表

| 完成人 | | | 培训师 | |
|---|---|---|---|---|
| 任务编号 | 任务内容 | 总分 | 评分要点 | 得分 |
| 1 | 任务资讯 | 10 分 | 企业工单（3 分） | |
| | | | 任务分析表（7 分） | |
| 2 | 制订计划 | 15 分 | 人员分工表（5 分） | |
| | | | 工作流程表（5 分） | |
| | | | 任务计划表（5 分） | |
| 3 | 任务准备 | 10 分 | 工作准备记录表（5 分） | |
| | | | 物料清单核对表（5 分） | |
| 4 | 任务实施 | 65 分 | 直播选品及规划（10 分） | |
| | | | 直播内容策划（15 分） | |
| | | | 直播推广策划（10 分） | |
| | | | 直播运营（20 分） | |
| | | | 直播复盘（10 分） | |
| | | 总分 | | |

## 六、评价反馈

表 7-44　任务工作过程总评表

| 班级 | | | 姓名 | |
|---|---|---|---|---|
| 互评人 | | | 指导老师 | |
| 序号 | 评价项目 | 项目内容 | 自评（10%） | 互评（20%） | 培训师评价（70%） |
| 1 | 任务资讯（15 分） | 任务按时完成情况（5 分） | | | |
| | | 任务质量和准确性（5 分） | | | |
| | | 小组成员合作面貌（5 分） | | | |

姓 名 _____
班 级 _____

学习模块七　网络直播运营综合训练

（续表）

| 序号 | 评价项目 | 项目内容 | 自评（10%） | 互评（20%） | 培训师评价（70%） |
|---|---|---|---|---|---|
| 2 | 制订计划（15分） | 任务按时完成情况（5分） | | | |
| | | 任务质量和准确性（10分） | | | |
| 3 | 任务准备（10分） | 任务按时完成情况（10分） | | | |
| 4 | 任务实施（50分） | 任务按时完成情况（15分） | | | |
| | | 任务质量和准确性（15分） | | | |
| | | 团队协作和沟通（10分） | | | |
| | | 创新点（10分） | | | |
| 5 | 技术移交（10分） | 任务按时完成情况（10分） | | | |
| | | 总分 | | | |
| | | 合计 | | | |

# 参 考 文 献

[1] 劳耐尔.学习领域课程开发手册[M].北京：高等教育出版社，2007.
[2] 姜大源.当代德国职业教育主流教学思想研究：理论、实践与创新[M].北京：清华大学出版社，2007.
[3] 姜大源.职业教育要义[M].北京：北京师范大学出版社，2017.
[4] 蔡跃.职业教育活页式教材开发指导手册[M].上海：华东师范大学出版社，2020.
[5] 中国广告协会.网络直播运营[M].南京：江苏凤凰教育出版社，2021.
[6] 南京奥派信息产业股份公司.直播电商运营[M].北京：高等教育出版社，2021.
[7] 南京奥派信息产业股份公司.直播电商基础[M].北京：高等教育出版社，2021.
[8] 徐骏骅，陈郁青，宋文正.直播营销与运营：微课版[M].北京：人民邮电出版社，2021.
[9] 邹益民，马千里.直播营销与运营：微课版[M].北京：人民邮电出版社，2022.
[10] 蔡勤，李圆圆.直播营销[M].2版.北京：人民邮电出版社，2021.